玩 全 攻 略

韩国

玩全攻略

墨刻编辑部 编著

人民邮电出版社
北 京

图书在版编目（CIP）数据

韩国玩全攻略 / 墨刻编辑部编著. -- 3版. -- 北京：人民邮电出版社，2015.11
（玩全攻略）
ISBN 978-7-115-40665-1

Ⅰ. ①韩… Ⅱ. ①墨… Ⅲ. ①旅游指南－韩国 Ⅳ. ①K931.269

中国版本图书馆CIP数据核字(2015)第238718号

版权声明

内 容 提 要

旅行前，你急切关注的关于出国签证、机票预订、酒店预订等必须出发前搞定的信息，《韩国玩全攻略（第 3 版）》都会告诉你。到达后，你最期待的关于当地的历史、文化、美食、世界遗产等信息，全新改版后将以专题的形式倾情为你介绍。最值得你去的游览景点，你可以翻阅内文的分区导览详细了解其景点介绍、营业时间、门票、交通等必备信息。利用书后的景点、美食索引，找起来更省劲儿哦。吃好、玩好、住好，一本攻略全搞定。

◆ 编　　著　墨刻编辑部
　责任编辑　吴　斌
　责任印制　周昇亮
◆ 人民邮电出版社出版发行　　北京市丰台区成寿寺路 11 号
　邮编　100164　　电子邮件　315@ptpress.com.cn
　网址　http://www.ptpress.com.cn
　北京方嘉彩色印刷有限责任公司印刷
◆ 开本：690×870　1/16
　印张：15　　　　　2015 年 11 月第 3 版
　字数：561 千字　　2015 年 11 月北京第 1 次印刷

著作权合同登记号　图字：01-2009-4797 号

定价：49.80 元

读者服务热线：(010)81055296　印装质量热线：(010)81055316
反盗版热线：(010)81055315
广告经营许可证：京崇工商广字第 0021 号

导 引 Preface

韩国是一个充满魅力的国度，历史的积淀和文化的发展造就了它别样的风情。首尔作为韩国的首都，是一个拥有1000多万人口的大都市，高速发展的现代文明使这里充满了艺术和时尚的气息。本书精选了当地著名的商业区，总计介绍了50多家独具特色的购物、美容、美食店，吃喝玩乐一应俱全。书中详细的购物导览，带你畅游韩国，轻松购物。另外人气韩剧拍摄地的介绍，带你进入梦幻般的剧中场景。

分区导览除了介绍首尔，还包括江原道、庆州、釜山、全州、光州、济州特别自治道等地，著名的观光景点都网罗其中，并规划有雪岳山、内藏山、五台山、雉岳山的赏枫路线。想要进行一次韩国知性之旅，可以参考本书介绍的被列入世界遗产的景点安排行程。与此同时，韩国特有的“乱打”表演、韩国传统的汗蒸幕，让你对韩国有新的认识。

如何使用本书

玩全攻略

每一地的分区旅游索引，以色带分隔，置于左页页眉处。

分区名称中韩文对照

景点名称中韩文对照

清楚列出景点相关实用信息

景点简介

首尔 서울 明洞

maru (INNERWEAR)

©MOOK 李美玲摄

这三家连在一起的店面，在明洞街头十分醒目。从服饰、彩妆到内衣，maru都以鲜亮的色彩掳获人心。这间小巧的内衣店也不例外，室内装潢和商品的用色大多是粉蓝、粉红、橙黄、鲜绿、澄蓝，图案有星星、小花、小草、心形、小动物……每种款式都甜蜜得让人想大叫"卡哇伊"！

这里最流行的内衣图案是点状或条纹的款式，店家贴心地推出couple组合，让热恋中的男女一起体验超可爱内衣的甜蜜滋味。

©MOOK 李美玲摄

©MOOK 李美玲摄

Lotte Young Plaza

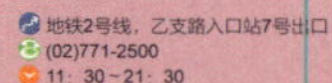

位于明洞的Lotte Young Plaza，是2003年年底开业的大型百货商场，玻璃幕墙的大楼、明亮的灯光、简洁的装潢，散发出浓厚的流行气息。

地下一楼、地上六楼卖的都是韩国最流行的青少年服饰、彩妆，商场内还设有指甲彩绘店，各种最流行的品牌在这里可以一网打尽。顶楼是具有各国特色的料理餐厅，无印良品在地下一楼设有柜台。

©MOOK 李美玲摄

©MOOK 李美玲摄

页码

如何前往

仁川机场是韩国最大的国际机场，往来机场及金浦机场的接驳巴士，班次多且便捷。

若由首尔前往，可搭乘地铁再换乘巴士到达，有些景点还可直接搭乘巴士直达。

游客

●仁川旅

www.inpia.

★符号说明

营业项目
特色
注意事项
地址
电话
传真电话

网址
电子信箱
营业时间
休馆时间
最低消费
可用信用卡

火车、地铁
巴士
交通方式
首／末班车
途经路线
距离

所需时间
国际火车
兴奋程度
花期
红叶

实用信息

地理位置示意图

住宿

京畿道有饭店、公寓式饭店及民宿可供选择，详细资料可上旅游中心网站查询。

环绕着韩国首都首尔的京畿道，是韩国重要的经济和文化中心。发达的交通网络和各具特色的景点，让首尔近郊的京畿道，成了著名的观光胜地。

从首尔出发不过一两个小时的车程，就可以体验到仁川的陶艺文化，仁川昔日因邻近官窑指定地而发展迅猛，有许多技艺卓越的陶瓷师傅纷纷在此聚集而使仁川逐渐发展成为陶艺文化的中心。

喜欢韩剧的人，不妨参观扬州著名的《大长今》片厂。这里不但重现了朝鲜王朝时代的原貌，而且留下来的剧照及道具让人可以亲身感受剧中的情境。热闹、占地辽阔的爱宝乐园、世界文化遗产水原华城，无论是传统文化还是现代的主题乐园，都是不可错过的好去处。

首尔市区是游人购物的好去处，到首尔近郊则有机会感受韩国不同的风貌。

135

133

景区、建筑示意图，找路不求人。

目录

韩国玩全攻略

©MOOK 庄明颖摄

©MOOK 庄明颖摄

©MOOK 李美玲摄

分区导览

索引

韩国地图索引

©MOOK 李美玲摄

R.O.Korea

淡淡古意与时尚气息

原老未

说起中国的近邻韩国，你会想到什么？是那有周易元素的“太极”旗，强烈狂热的民族自豪感，还是近年来风生水起的“韩流”输出，让女人疯狂扫货的购物天堂，抑或是令人垂涎欲滴的韩式料理呢？

“韩国”的国名源于古朝鲜的“三韩”部落。“HAN”在古韩语中表示“大”或“一”的意思。它的英文名字“Korea”则是源于古名“高丽”。韩国离我们并不遥远，可我们对这个近邻的历史，却未必了解得如我们所想的那么深刻。卫满于公元前 194 年推翻古朝鲜准王建立卫满朝鲜。卫满本是汉朝燕国人，是汉高祖刘邦从小一起长大的朋友卢绾的一名部下。刘邦成为汉朝开国皇帝后，疑心极大，怀疑卢绾要谋反，被牵扯其中的卫满也不得不离开汉地向东逃去。《史记》中云：卫满领千人，换夷服东渡浿水（今朝鲜清川江），建都王险（今朝鲜平壤），称王。卫满朝鲜于公元前 108 年灭亡后，朝鲜半岛的政权在各个部落更替流转，逐渐形成由高句丽、百济、新罗鼎立的朝鲜三国局面，他们原本共同崇尚萨满教，直到公元 4 世纪时佛教传入朝鲜半岛，并迅速传播成为三国的国教。

同很多亚洲国家一样，韩国也被儒家思想影响了千余年。现在韩国的社会共同道德仍是中国宋代提出的“八德”——孝悌、忠信、礼义、廉耻。整个韩国就像一个大家庭，每位国民都是家庭的成员，他们自觉按照儒家的伦理秩序履行着自己的责任和义务。在韩国，年长者在家庭中地位最高，在社会上也普遍受到尊重。在家中，年轻一辈的人在早晨起床和饭后都要向长辈问安；吃饭时也要在长辈动了筷子后，其他人才可以就餐。在社会中也是同样严守礼仪规矩，晚辈或下级遇到长辈或上级，需要鞠躬问候，然后站在一旁让行，以示敬意。人们极其严谨地守着辈分，甚至连校友之间也非常注意前后辈。不同辈分间，有不同的讲话用词、坐席位置和坐姿。不难看出，韩国能在短短几十年中取得经济的高速发展，与他们坚韧、顽强、勤劳、吃苦的性格是分不开的。他们与犹太人有几分性格上的相像之处。在世界各地，韩国人总是紧紧团结在一起，几近于顽固地坚持着自己民族的生活习俗和文化特性，除此之外，他们还将健康美味的韩餐传到了海外，大有向中餐、日料看齐之势。

韩国料理的历史起源于中国秦朝，那个时期的汉人在向朝鲜半岛移居时，一并将筷子以及中原烹饪也带到了那里。经过 1000 多年的发展和自我创新，韩国的饮食文化与中国仍有很多相似之处。说起韩国菜，人们第一个想到的就是那些种类多样、营养丰富的泡菜了。泡菜是韩国料理中的重要成员，由于卡路里含量低、富含纤维素、维生素和一种对人体有益的乳杆益生菌，韩式泡菜被美国时代华纳《健康杂志》评为世界五大最健康食品之一。人们一日三餐都离不开泡菜。韩国人常说，早餐要吃得像皇帝一样好。在普通韩国人的早餐桌上，日日离不开的，就是那一盘盘香甜微辣的泡菜了。对于韩国人来讲，泡菜可不仅仅是一碟小菜，在韩国人的日常生活中，它已升华成了一种特有的传统和文化。在很多家庭中，一坛泡菜的卤汁甚至可以传承数代，也因为被称为“用母爱腌制出的亲情”，所以韩国人也称泡菜闻起来是“妈妈的味道”。在韩国，虽然泡菜是每餐必食，但因为牛肉价钱很贵，所以无肉不欢族最爱的韩国烧烤确是只有在招待客人时才能享用的特别美食。韩国烧烤源于蒙古，据说用来烤肉的铜盘就是由蒙古士兵的盾牌或头盔演变而来。韩国烧烤以肉类和海鲜为主料，味道则由腌制的调料和蘸食的汁水决定。其中腌制的调料有“五辣”——辣椒、大蒜、洋葱、姜、葱，腌制并烤至七八分熟后，再佐以蘸汁，食用时会呈现出“五味”——甜、辣、苦、咸、酸，各种味道在舌尖上跳着舞，吃上去鲜美无比。

除了泡菜和韩式烧烤，参鸡汤也是韩国的“国菜”。在我国北方，讲究夏天“头伏饺子二伏面，三伏烙饼摊鸡蛋”，这是因为到了夏季入伏，人的胃口通常不大好，需要吃点特别的来开胃解馋。在韩国也有同样的讲究，只不过烙饼摊鸡蛋变成了在三伏天喝的参鸡汤。所以若在夏季到访韩国，一定不要错过那些密布在韩国大街小巷的参鸡汤店，这可是一道具有浓郁韩国传统特色的美食。

同样开始风靡世界的，除了健康美味的韩国料理，还有韩国的流行文化。说到这里，就不得不提几乎要红到外星去的《江南 Style》，这个歌词讽刺搞笑、舞蹈新奇大胆的电音歌舞被韩国歌手朴载相（PSY）从韩国唱到了全世界，是世界上被播放次数最多的视频。它迷倒了一片粉丝，各路人民争相模仿。韩国媒体报道这首歌甚至可以“科学”地治疗精神抑郁。无论真假，这一曲《江南 Style》引起了世界对韩国文化的关注，完全可以算是韩国流行文化正式迈入全球流行殿堂的一份开篇礼了。韩剧如今也是火遍亚洲，很多人到韩国，就是为了去看看那些在韩剧里出现的各种美景。首都首尔可谓是在众多剧集里露脸最多的地方了，作为韩国的时尚潮流中心和游客赞不绝口的度假胜地，春天到访可在梨花女子大学赏樱花，秋日则可以在古宫赏枫叶，夏季在明洞望美女，冬天则是滑雪爱好者集结之地。还有那座出现在多部剧集里的景福宫，修建于 1394 年，是朝鲜五大宫阙中规模最大的，每逢整点的时候，都可以在正门看到换岗仪式。宫中的韩国国立博物馆及民俗博物馆，也是世界各国游客的喜爱之地。景福宫名气大，但却不在世界文化遗产列表中，在其中占有一席之地的，则是作为景福宫之外的离宫——昌德宫。昌德宫又名乐宫，是朝鲜成宗为了让其母仁粹大妃享乐而建，因其位于正宫景福宫以东又被称为“东阙”。昌德宫的殿阁完全贴合自然地形设计，建造时极力避免人为因素影响，从而与周遭自然达到完美融合的效果，是韩国最具有自然之美的宫殿。还有在多部韩剧中无限次出镜的韩国最著名的艺术大学——弘益大学。有着“艺术殿堂”之称的弘益大学向四周街道散播的艺术因子所形成的街头文化，已经成了“青春”和“时尚”的代名词。这里是韩国时尚年轻人的聚集地，如果你想了解首尔时尚、前卫的一面，就一定要来这个堪称潮流风向标的地方看一看。这里有着各种适合淘货一族的精品店、服装店，周遭更是各种小吃、料理店密布，可谓是连吃带买两不误。

作为韩国第二大城市的釜山也是韩剧的热拍

地，釜山将韩国海港城市的魅力发挥得淋漓尽致，这里有着清透洁净的大海、清新的空气和让人胃口大开的各式海产品，是个十分理想的度假胜地。这座海滨城市被周围的群山环绕，城市中的温泉星罗棋布，依着绵长海岸线而建的各式花园别墅使这里洋溢着浓郁的异国情调。市内广安大桥的夜景也是相当惊艳，可以与旧金山的金门大桥夜景相媲美。代表着釜山的韩国最大的水产市场——扎噶其市场，闻名于整个韩国。市场里的大量新鲜海产品摆放整齐等着客人挑选，看着就让人不禁想要大快朵颐。有趣的是，这里卖鱼的基本都是女人，被人们亲切地唤作“扎噶其嫂子”。当然，最不能落下的就是韩国最大的岛屿济州岛了，这座韩国最大的岛屿是一座典型的火山岛，因120万年前的一次火山活动而形成，地貌奇特，处处是岩浆凝石。岛中央是通过火山爆发形成的海拔1951米的韩国最高峰——汉拿山，它俯视着整个海岛。济州岛，这个素有“东方夏威夷”之称、2011年被瑞士评为新世界七大自然景观的岛屿，以三多——风多、石头多、女人多，三无——无乞丐、无小偷、无门，三丽——民俗、水产品、传统工艺而闻名。济州岛四季不同景，春天赏油菜花、夏天看岛屿和海岸、秋天紫芒花盛开、冬天里的汉拿山白雪皑皑，每个季节都有独特的美妙之处。但济州岛人自己看来，最值得骄傲的还是他们身上浓厚的人情味，这才是让游人离开后念念不忘的最大原因。

韩国是个新旧并存、古今融合的魅力之国。它独特的文化和历史遗产，是保留至今的古代东方文明。从那有着厚重历史感的古宫或安静祥和的寺庙漫步到繁华时尚的闹市街头，这个将淡淡古意和繁华时尚气息完美结合的国家，以它的独特向所有人发出邀请——还等什么，来这里玩个痛快吧！

随身证件

护照

护照是出国后旅客的唯一国籍和身份证明，无论是出入境、住宿都需要提供护照才能办理相关手续。

●谁需要申请护照?

· 初次出国还未办理护照者

· 所持有的护照有效期不足 6 个月者

●谁管这事?

公民申请普通护照，应当由本人向其户籍所在地县级以上地方人民政府公安机关出入境管理机构提出申请。

●去哪办?

北京市 公安局出入境管理总队	
地址	东城区安定门东大街2号
时间	星期一~星期六（法定节假日除外）9：00~17：00
电话	010-84020101
网址	http://www.bjgaj.gov.cn
上海市 公安局出入境管理处	
地址	上海市浦东新区民生路1500号
时间	星期一~星期六（法定节假日除外）9：00~17：00
电话	021-28951900
网址	http://crj.police.sh.cn
广州市 公安局出入境管理处	
地址	广州市解放南路155号
时间	星期一~星期五 8：30~12：00，14：00~17：30；周六 9：00~11：30（只受理急事急办）
电话	020-83115725
网址	http://www.gzjd.gov.cn

●怎么办?

材料准备：

（1）近期免冠照片一张以及填写完整的《中国公民因私出国（境）申请表》（以下简称申请表）；

（2）居民身份证和户口簿及复印件；在居民身份证领取、换领、补领期间，可以提交临时居民身份证和户口簿及复印件；

（3）未满十六周岁的公民，应当由其监护人陪同，并提交其监护人出具的同意出境的意见、监护人的居民身份证或者户口簿、护照及复印件；

（4）国家工作人员应当按照有关规定，提交本人所属工作单位或者上级主管单位按照人事管理权限审批后出具的同意出境的证明；

（5）省级地方人民政府公安机关出入境管理机构报经公安部出入境管理机构批准，要求提交的其他材料。

现役军人申请普通护照，按照管理权限履行报批手续后，由本人向所属部队驻地县级以上地方人民政府公安机关出入境管理机构提出。

资料来源于公安部出入境管理局

http://www.mps.gov.cn/n16/n84147/n84211/n84258/n398876

收费：200 元 / 本

取证：大约 10~15 个工作日可取证，具体请参考各地出入境办事大厅通知。办事大厅一般提供护照快递业务，但邮费需自理；也可到办事大厅自取。

护照有效期：

未满 16 周岁签发 5 年有效期护照

16 周岁（含）以上签发 10 年有效期护照

签证

●去哪办？

韩国驻华大使馆签证处

北京市朝阳区东直门外大街亮马河南路 14 号塔园外交办公大楼

010-65326774/65326775

010-65326778/65326723

韩国驻上海总领事馆

上海市万山路 60 号

010-62955000/62952639

010-62955191/62952629

领区（上海、浙江、江苏、安徽）

●所需材料：

护照：

（1）有效期在 6 个月以上的因私护照（自回国之日起开始计算，为 6 个月以上）

（2）请在护照最后一页签上中文姓名

（3）持换发护照者，需同时提供所有旧护照原件

签证申请表：贴 1 张 2 寸彩照

护照、身份证复印件：如果是旧版身份证请用 A4 纸复印，如果是新版身份证请用 A4 纸复印正反两面

户口本：

（1）全家户口本复印件（夫妻不在一个户口本上的，请将各自的户口本一并提供）

（2）清晰的复印包含户口本首页、户主页、本人页、配偶页、子女页，不可缺页。

（3）如携带子女同去，子女与父母不在同一户口本上，需另外提供子女出生证明。

（4）如是集体户口，需复印户主页及本人页。

资产证明：以下经济能力证明材料中的任意 2 份

（1）最近 6 个月内信用卡或储蓄卡的交易记录

（2）确认最近 6 个月内存取款情况的存折复印件

（3）车辆、房产的所有证明

（4）社会保险加入证明（提交各市劳动社会保障局网站上打印的证明以及网站查询注册名和密码）

（5）在职证明（包括营业执照副本复印件）

暂住证（原件、复印件）：

（1）办理日期距申请日期一个月以上

（2）户口所在地非以下管辖范围需要提供暂住证：北京市、天津市、河北省、山西省、内蒙古自治区、新疆维吾尔自治区、西藏自治区、青海省

家长带孩子：

孩子身份证、户口本、学生证

北京城区户口：

（1）签证申请表（贴 1 张 2 寸彩照）

（2）护照、身份证原件及复印件

211 工程大学在校生：

（1）签证申请表（贴 1 张 2 寸彩照）

（2）护照、身份证复印件

（3）在学证明书或学生证原件及复印件

资料来源于大韩民国驻中国大使馆

http://chn.mofat.go.kr/worldlanguage/asia/chn/visa/issuance/index.jsp

怎么去?

从中国到韩国，坐飞机是目前比较省时省力的选择。目前，中国各大城市都有飞往韩国的航班，而且班次较为频密。

如果目的地为首尔，一般可以乘坐从北京、上海、广州、深圳、厦门、成都、大连等地的直飞航班，也可以乘坐经北京、大连、上海等地中转后到达首尔的航班，上述航线可选择的航空公司比较多，如大韩航空、国泰航空、中国国航、南方航空、韩亚航空、东方航空等。

如果目的地为釜山，一般可以乘坐从北京、上海、广州等地的直飞航班，可选择的航空公司有大韩航空、韩亚航空、中国国航等；也可以乘坐经上海、首尔等地中转后到达釜山的航班，可选择的航空公司有国泰航空、港龙航空等。

如果目的地为济州岛，一般可以乘坐从北京、上海直飞航班，航空公司为东方航空、大韩航空等；也可以在北京、上海、广州等地乘坐经香港、首尔等地中转后到达济州岛的航班，可选择的航空公司有东方航空、国泰航空、港龙航空、大韩航空等。

如果目的地为韩国其他地区，可先到达首尔再乘坐飞往目的地的航班。大韩航空提供到达韩国国内多地的中转联程航班。

此外，还可以选择乘船到韩国，现在有仁川到上海、天津、秦皇岛、大连、青岛等地的海上航线，基本上 24 小时内就能到达。

北京（首都国际机场）——首尔（仁川国际机场）			
起飞	**中转**	**到达**	**航空公司**
北京	—	首尔	中国国航
北京	—	首尔	南方航空
北京	—	首尔	大韩航空
北京（首都国际机场）——釜山（金海国际机场）			
起飞	**中转**	**到达**	**航空公司**
北京	—	釜山	海南航空
北京	—	釜山	中国国航
北京（首都国际机场）——济州岛（济州国际机场）			
起飞	**中转**	**到达**	**航空公司**
北京	—	济州岛	大韩航空
北京	—	济州岛	东方航空

上海（浦东国际机场）——首尔（仁川国际机场）			
起飞	中转	到达	航空公司
上海	—	首尔	南方航空
上海	—	首尔	东方航空
上海	—	首尔	上海航空
上海（浦东国际机场）——釜山（金海国际机场）			
起飞	中转	到达	航空公司
上海	—	釜山	东方航空
上海	—	釜山	韩亚航空
上海（浦东国际机场）——济州岛（济州国际机场）			
起飞	中转	到达	航空公司
上海	—	济州岛	东方航空
广州（新白云国际机场）——首尔（仁川国际机场）			
起飞	中转	到达	航空公司
广州	—	首尔	南方航空
广州	—	首尔	泰国航空
广州（新白云国际机场）——釜山（金海国际机场）			
起飞	中转	到达	航空公司
广州	—	釜山	东方航空
广州（新白云国际机场）——济州岛（济州国际机场）			
起飞	中转	到达	航空公司
广州	—	济州岛	东方航空

购买机票

机票您可以到航空公司柜台去预订，也可以选择在网上预订，后者当然更方便一些了。票价一般受航线、季节和类型等因素的影响，方便的是这些都可以在网上搜索。除了去航空公司官方网站订票外，您也可以选择代理订票网站。以下推荐几个常用订票网站以供参考

· 携程网

携程网提供线上查询和订票服务，您可以在该网站上搜索和预定适合您的航班。

www.ctrip.com

· 去哪儿网

去哪儿网上汇集了各航空公司及代理机构的机票价格，您可以对各航空公司的价格和服务进行比对，然后选择适合您的航班。

www.qunar.com

机场到市区

●机场大巴

仁川国际机场往来市区、金浦机场间的航空班车，班次多且非常便捷，可通往首尔的多个地点，停靠各大旅游饭店。航站楼 1 层（到达层）的内部（4、9 号出口旁边），外部（4、6、7、8、11、13 号出口旁边以及 9C）旁边的大巴售票处可以询问和购买乘车票。乘客可在网上订票，除了巴士票费用外，需另交 2000 韩元手续费。

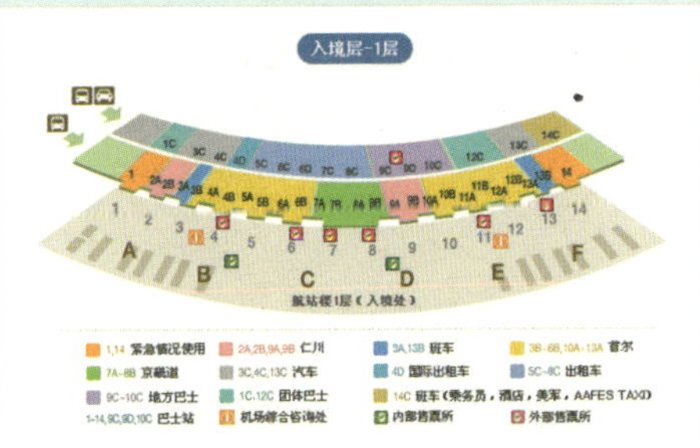

●地铁

从机场到首尔市区可乘坐机场快线 (AREX)，共有仁川国际机场站、机场货运站站、 云西站、黔岩站、桂阳站、金浦机场站、数字多媒体城市站、弘益大学入口站、孔德站、首尔站 10 站，直通列车 43 分钟，一般列车 53 分钟。

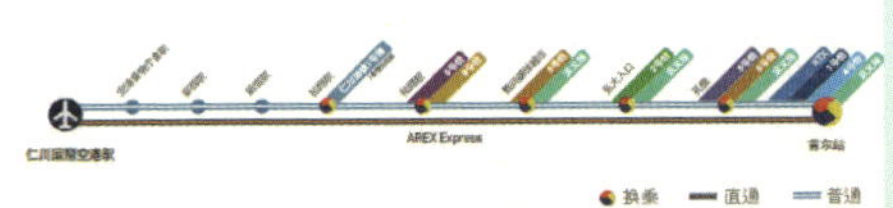

●出租车

位于航站楼到达层 (1 层) 4D ~~8C 号乘车站为出租车乘车站，在这里可以乘坐一般的出租车，也可以乘坐外国人专用的观光出租车。各类出租车收费不同，以到首尔为例，一般出租车收费 43000~55000 韩元，模范出租车收费 70000~90000 韩元，24：00~4：00 乘坐出租车还需多付 20% 的夜间加价费。

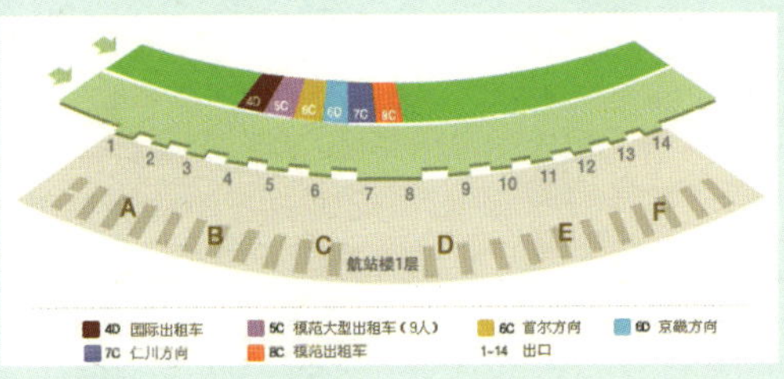

旅行资讯

仁川国际机场

http://www.airport.kr/chn/

国内交通

●航空

大韩航空公司和韩亚航空公司在下列 16 个主要城市开通了航班：首尔、釜山、济州、大邱、束草、光州、晋州、原州、清州、丽水、蔚山、木浦、群山、江陵、醴泉和浦项。

●铁路

从首尔出发的火车路线共有 14 条，所以首尔是韩国的铁路枢纽。

从首尔火车站出发的火车主要前往釜山和庆州，从清凉里火车站出发的火车前往江原道、江陵市、庆尚北道的安东市等著名旅游城市，从龙山火车站出发的火车主要前往木浦和天安，从永登浦火车站出发的火车主要前往平泽、顺天、丽水等。从城北火车站出发的火车会经过北汉江，前往春川、清平、加平、江村等著名旅游景点和休养地。

持有通用铁路票 KR-PASS，可在一定时间内乘坐所有韩国国内列车，但不包括地铁。

●公路

韩国的长途车枢纽站是首尔和釜山。首尔有五个长途车站：高速汽车客运站、Central City 客运站、东首尔客运站、南部客运站和上凤客运站。从高速汽车客运站出发的汽车走京釜线往返于首尔和釜山之间，或走东海线向东。从 Central City 客运站出发的汽车则走沪南线前往全罗道。

釜山有釜山综合汽车客运站、釜山东部庆南长途汽车客运站和釜山西部长途汽车客运站三个长途车站。

●出租车

韩国的出租车分为大型出租车、模范出租车和一般出租车三种。一般出租车车型较小，颜色为银色或乳白色；模范出租车则为黑色。两种出租车的搭乘费用不同，一般出租车两公里的基本费用是 2400 韩元，大型出租车和模范出租车则是 3 公里以内 4500 韩元，因此搭乘一般出租车比较划算。在市内搭乘出租车时，可到有黄色棚盖的出租车站打车，或直接挥手招车也可以。车门贴有“Visitor’s Guide”字样的模范出租车，表示司机懂外语，但是模范出租车数量不多，尤其是在市郊。建议在上车前，先将目的地的韩文写好，上车拿给司机看，避免语言交流上的误解。

酒店预订

怎么找？

住哪？请放心，这些网络都可以轻松帮你搞定。你可以在酒店预订网站上随意搜索直到找到适合您的酒店旅馆。以下我们帮您推荐几家中文国际酒店预订网站。

· **缤客网**

http://www.booking.com

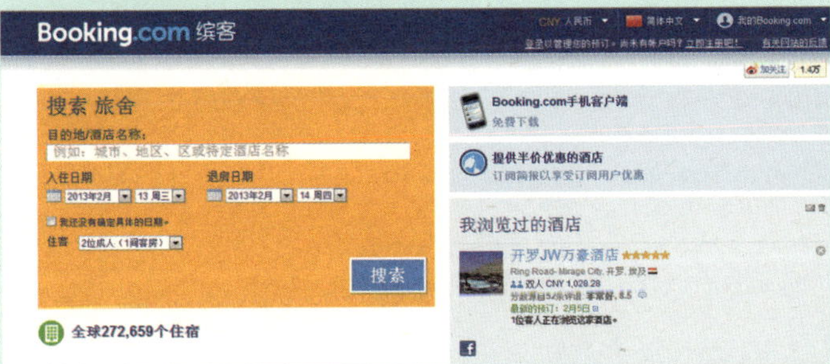

· **airbnb（专业的民宿预订网站）**

http://zh.airbnb.com

旅行资讯

必备常识

需要了解

●货币：

韩国的货币单位为韩元（WON,W）。游客可持美元在仁川机场内的银行、饭店兑换。

●汇率：

1 人民币元 =185.784 韩元（2015 年 9 月）

●时差：

比格林尼治时间早 9 小时，比北京早 1 个小时。

●电压：

有 110V（两孔插头）和 220V（圆形三孔插头）两种。目前以 220V 较多，建议携带插头转换器，已备使用。

常用电话

●中国驻韩国大使馆

使馆总机 （02）7381038

（02）7381059

54 HYOJA-DONG, JONGNO-GU, SEOUL, THE REPUBLIC OF KOREA

chinaemb_kr@mfa.gov.cn

http://kr.china-embassy.org

http://kr.chineseembassy.org

●韩国服务电话

外国人综合服务 1345

匪警报警电话 112

供电服务台 123

外国人旅游信息 1330

KT(电话、宽带)客服 100

SK(电话、宽带)客服 106

火警及救护 119

首尔生活旅游一站通 120+9

自来水故障 121

环境污染 128

女性紧急热线 1366

查号台 114

寻人启事 182

交通信息 1333

旅游信息 134

法律咨询热线 132

检察厅报案 1301

气象信息 131

金融信息 1369

医疗治疗介绍 1339

劳动部综合咨询 1350

受害消费者咨询 1399

时间咨询 116

市外巴士咨询 539-9198

注意事项

1. 在韩国，饭勺只能用来吃饭喝汤，筷子只能夹菜，吃饭不能捧碗。
2. 午餐一般不喝烈性酒，只喝一小杯葡萄酒或一杯啤酒。
3. 有长辈在场，不能抽烟，不能戴墨镜。
4. 接受物品时要用双手。
5. 在韩国一般不用给小费，高级餐厅和酒店有时会在基本费用中附加 10% 服务费，此时账单里已经包含服务费。
6. 可登录韩国旅游发展局网站（ http://www.visitkorea.or.kr ），查询景点、交通、美食、酒店、娱乐、购物等信息

基本信息

国名 大韩民国（Republic of Korea）

面积 约 10 万平方公里

人口 约 5000 万

首都 首尔（Seoul）

国庆 8 月 15 日

语言 通用韩国语

地理 位于亚洲大陆东北朝鲜半岛南部，东、南、西三面环海，面积 9.96 万平方公里，半岛海岸线全长约 1.7 万公里（包括岛屿海岸线）。地形东北高、西南低，山地面积约占 70%。山地占朝鲜半岛面积的三分之二左右，地形具有多样性，低山、丘陵和平原交错分布。低山和丘陵主要分布在中部和东部，海拔多在 500 米以下。平原主要分布于南部和西部，海拔多在 200 米以下

气候 属温带季风气候，年均气温 13 摄氏度，降水量约 1300 ~ 1500 毫米。冬季平均气温为零度以下。夏季八月份最热，气温为 25 摄氏度。三、四月份和夏初时易受台风侵袭

韩国历史

Korea History

1948年8月15日，在美国支持下，朝鲜半岛南部建立了大韩民国，李承晚出任首届总统。1960年李承晚在全国性学生运动中下台，同年8月尹潽善出任总统。1961年朴正熙发动军事政变，此后长期执政。1979年朴正熙遇刺身亡，全斗焕发动政变，并于1980年出任总统。1987年韩国修改宪法，实行总统直选，同年卢泰愚当选第13届总统。卢泰愚政府上台后，大力推行“北方外交”，发展与社会主义国家关系。1991年9月韩国同朝鲜一起加入联合国。金泳三、金大中、卢武铉政府均推行积极外交政策。现任总统朴槿惠，于2013年2月就职。

从20世纪60年代开始，韩国政府成功推行以增长为主的经济政策，70年代后正式走上发展经济的轨道，创造了举世闻名的“汉江奇迹”，到了80年代，韩国经济呈现出繁荣的景象，成为国际市场上一个具有竞争力的国家。如今，钢铁、汽车、造船、电子、纺织等已成为韩国的支柱产业。2011年韩国GDP突破1万亿美元，列世界第15位。

必游景点

游玩基地

Korea Hottest Spots

韩国近年已经成为亚洲知名的购物天堂，在首尔明洞、仁寺洞、狎鸥亭等地区，能买到韩国热门品牌的化妆品及时尚的服装饰品。想买人参、海苔等韩国的传统特产，可以到东大门及南大门市场逛逛。

随着韩剧的热播，近年韩国旅游景点中也不乏韩剧的拍摄场地。从坚韧不拔的励志故事到浪漫凄美的爱情故事都曾在这些场地拍摄而成，让韩剧迷们有机会游览剧中的场景，亲身感受如在剧中的快意。

此外，当地的佛教遗迹和瑰丽的国家公园，也能让你体验到韩国的不同风情。

首尔及首尔周边 | 서울·서울근교 P.58

韩流来袭，首尔已经成为许多购物人士的首选，明洞地区就可以让你花上一整天时间。这里不但有许多便宜又有很多试用品可拿的化妆品店，服饰、饰品店更是令人目不暇接。想要知道韩国流行什么？来这边逛一圈就知道了。首尔周边有利川民俗陶艺村、列入世界遗产的水原华城，还有最热门的韩剧外景拍摄地，都展现了韩国传统与现代文化之美。

雪岳山 | 설악산 P.148

在韩国赏枫以雪岳山和内藏山最为著名。位于日本海（东海）岸江原道的雪岳山，奇岩怪石林立、野生动物众多，是韩国颇受欢迎的旅游胜地，每到秋季，在红叶的点缀下更显得风情万种。雪岳山最佳的赏枫方式是搭乘全长约 1.2 公里的缆车上山，先远眺奇岩怪石中的红枫，抵达山上的权金城后，再漫步于枫林间，近距离欣赏红叶蔽日的迷人景色。

庆州 | 경주 P.178

随处坐落的古迹，弥漫着佛教艺术之美，让庆州这座古城拥有“无围墙博物馆”之称，石窟庵和佛国寺更被列入世界文化遗产名录。凡是踏进这一地区的游客，无不因庆州独特的韵味而深深着迷，也乐于沉迷在它醉人的古意中。

釜山 | 부산 P.193

身为韩国第二大城市的釜山，东临朝鲜海峡，其著名景点多毗邻海岸线，如拥有绵延两公里白沙滩的海云台。太宗台位于影岛南端，沿海而建的散步道不仅富于浪漫气息而且可欣赏到断崖绝壁的奇景。釜山虽然是一座国际化都市，但还是可以在札嘎其市场看到传统的售鱼场面，因此，有机会可以在这里品尝新鲜丰盛的海鲜大餐。

全州 | 전주 P.204

这里曾是后百济王国的首府，文物荟萃，保留了丰富多彩的传统文化。然而在 17 世纪基督教传入时，因与主政者理念不合，有上万名教徒在此为信仰和理想殉道，市中心丰南门附近有一座白色的基督雕像和造型典雅的圆顶罗马式教堂，记录着这段坎坷的历史。

此外，全州周边的内藏山国家公园有一条约 500 米长的“丹枫走廊”，两侧夹道的枫树在秋天形成红叶隧道，令游客沉醉其中。

济州特别自治道 | 제주특별자치도 P.218

济州特别自治道是韩国当地非常受欢迎的旅游胜地。这里有韩国最大的岛屿济州岛，首府济州是全岛的重要港口。温和湿润的气候和火山喷发形成的绮丽景色，使它赢得“韩国夏威夷”的美誉。因为这里是度假岛屿，丰富的水上活动也让前来游玩的人们多了几分闲趣。

韩国必游景点

韩国

世界遗产

Korea World Heritage

世界遗产的标志外圆内方，外圈的圆象征着自然界，中间的方形则代表人类所创造的事物。这个标志呈圆形，既象征全世界，也象征着要进行保护。这个标志还象征着自然遗产与文化遗产之间的相互依存关系。

在韩国有不少宫殿被列为世界遗产，宫殿建筑有其重要的特色，只要掌握这些重点，参观时更能体会其含义与美感。在这些被列为世界遗产的宫殿建筑上体现了艺术性、科学性等多种多样的价值。

截至2010年，韩国共有9处文化遗产和1处自然遗产被收录进世界遗产名录。这让游人对这块土地又多了几分游览的兴趣。2009年6月，朝鲜王陵被列为世界文化遗产。2010年8月，韩国历史村庄：河回村和良洞村被列为世界文化遗产。

世界遗产分布简图

1. 海印寺《八万大藏经》及藏经板殿 | Haeinsa Temple Janggyeong Panjeon, the Depositories for the Tripitaka Koreana Woodblocks

【列入时间】1995年

【遗产类型】文化遗产

15世纪建造的海印寺，保存有高丽佛教经文的八万块经板，朝鲜王朝初期的木造建筑不仅外观典雅，而且内部通风的设计，使得大藏经得以完好保存。

这八万块经板上约刻有5200万个字，完成于1237～1248年，是研究佛教的珍贵史料。

2. 宗庙 | Jongmyo Shrine

【列入时间】1995 年

【遗产类型】文化遗产

宗庙是祭祀朝鲜王朝历代国王和王妃神位的地方，由正殿和永宁殿组成，正殿是祭祀朝鲜王朝开创者李成桂为首的历代国王、王妃的地方，永宁殿是祭祀其他国王、王妃及王族之地。宗庙至今仍会举行王朝仪式，场面十分庄严肃穆。

3. 石窟庵和佛国寺 | Seokguram Grotto and Bulguksa Temple

【列入时间】1995 年

【遗产类型】文化遗产

庆州为新罗时代王室的遗址，石窟庵和佛国寺是其中建筑及佛教艺术的经典之作，两寺都是由金大城兴建，风格迥异，用来表示今生和前世的含义。

4. 水原华城 | Hwaseong Fortress

【列入时间】1997 年

【遗产类型】文化遗产

水原华城是朝鲜王朝正祖当政时 1794 年开始修建，历时两年建成的城郭。正祖的父亲因追悼世子去世，为了抚慰孤魂而将世子的遗骸移至水原并兴建华城。华城是一座绵延 5.7 公里的心形城墙，建筑风格古色古香。

© MOOK 李欣怡摄

5. 昌德宫 | Changdeokgung Palace Complex

【列入时间】1997 年

【遗产类型】文化遗产

随着地势搭建的昌德宫，总面积近 43 万平方米，古意盎然的宫殿建筑和传统造景的秘苑，都有说不出的韵味，为朝鲜王朝时期宫殿中保存最为完好的一座。

© MOOK 庄明颖摄

6. 庆州历史遗址区 | Gyeongju Historic Areas

【列入时间】2000 年

【遗产类型】文化遗产

庆州曾因是新罗的首都而繁盛一时，尽管后来新罗灭亡，但随处可见的史迹，特别是展现韩国佛教艺术的建筑、雕刻，让它赢得“无围墙博物馆”的美名。

7. 高敞、和顺和江华郡史前墓冢遗址 | Gochang, Hwasun, and Ganghwa Dolmen Sites

【列入时间】2000 年

【遗产类型】文化遗产

支石墓是史前时期石墓形式的一种，和顺石墓最大的特色是密集地聚集着 596 个石墓。除了石墓，在附近也找到了工作石室，借由石室可得知当时建造石墓的方法及过程。全罗北道高敞郡是韩国规模最大的支石墓遗迹，位于仁川市的江华郡也有北方式的支石墓群，透过这些遗址可以了解两三千年前人们的生活方式及智慧创造。

8. 济州火山岛与熔岩洞窟 | Jeju Volcanic Island and Lava Tubes

【列入时间】2007 年

【遗产类型】自然遗产

济州岛由火山喷发形成，岛上有丰富的火山景观，入选为世界遗产的主要由三个地区组成：汉拿山国家公园、城山日出峰及熔岩洞窟。熔岩洞窟又包括万丈窟、金宁窟、龙泉洞窟等五处洞窟，目前仅万丈窟开放参观。汉拿山是济州岛的最高峰，枫红之际是登山的最佳时节；城山日出峰及熔岩洞窟则可欣赏火山口及火山熔岩形成的瑰丽景色。

风情 1

超人气 韩剧旅行地图

跟着韩剧去旅行，是游韩国最流行的玩法，不论是拍摄《我的女孩》和《我叫金三顺》的济州岛，还是拍摄《浪漫满屋》的 Full House、《悲伤恋歌》的白色别墅、《大长今》的片场，每个场景都能让人重温剧中的感觉。现在就让我们跟着韩剧的脚步，领略韩国的万种风情。

我叫金三顺

整个剧情是讲述一个性格坚强、自然随性的女生“三顺”的故事。为了取得巴黎的传统糕点技师资格，三顺在那里打工并和花心的贤佑在一起。后来事与愿违，三顺不但被抛弃，求职又失败，就在此时她邂逅了餐厅老板振轩。

振轩向三顺提出恋爱协议，三顺为了经济问题而答应，整个剧情便围绕在三顺与前男友的纠缠、振轩对旧情人熙珍的回忆等情节中展开，让三顺伤透脑筋。

●主要演员●

男主角：玄振轩（玄彬饰）
女主角：金三顺（金宣儿饰）
男配角：亨利（丹尼尔 · 亨利饰）
女配角：柳熙珍（郑丽媛饰）

汉拿山

在济州岛可搭乘开往御里木、灵室、城坂岳的长途巴士

这里有许多浪漫的场景，深受三顺迷的喜爱。剧中，三顺在生日那天因为不确定振轩是不是喜欢自己，就一个人跑到汉拿山。等她登到山顶时，却看到振轩早在那里等她了，两人于是在汉拿山和好，感情也逐渐升温。

位于济州岛的汉拿山，是韩国最高的山峰，不同季节可赏枫叶、看雪景。这里又分为四条登山路线，可满足登山客的不同需求。

COEX 海洋主题公园

搭乘地铁 2 号线在三成站下车，徒步 3 分钟即到

三顺和振轩带着小侄女一起去玩的水族馆就在这里。海洋主题公园（COEX Aquarium）为韩国最大规模的水族馆，拥有 500 多种、4 万多条的海洋鱼类，光是展示水族箱就有 40 个、饲育水箱就有 130 个。

园内分“亚马孙密林探险”、“七色海”、“Deep Blue Sea”，以及可 180 度观赏海洋生物的海底隧道和可以亲手碰触海星等海洋生物的“Marine Touch”。

宫

就读高中的彩静与皇太子李信因长辈的安排而结婚。高傲的李信原本钟情孝琳，求婚却被一心追求梦想的孝琳拒绝。彩静与李信结婚后，他们一同经历了许多波折。此时王位的第二继承人李律出现了，性情温和的他在得知只有继承王位才能娶彩静后，也燃起争夺王位的野心。

实现梦想的孝琳，发现自己深爱着李信，决心要夺回这一切，因而让彩静的宫中生活风波不断。所幸李信与彩静最终坠入爱河，故事的结局还是完美的。

●主要演员●

男主角：李信（朱智勋饰）
女主角：申彩静（尹恩惠饰）
男配角：李律（金桢勋饰）
女配角：闵孝琳（宋智孝饰）

©MOOK 陈文彬摄

©MOOK 周治平摄

泰迪熊博物馆

在济州岛机场搭乘前往西归浦的巴士，在如美地植物园下车

剧中，王大妃曾到位于济州岛的泰迪熊博物馆参观。这个博物馆里面陈列了许多《宫》剧中人物的泰迪熊，惟妙惟肖。另外，剧中片尾的部分，就是用泰迪熊来预告下集的内容。

泰迪熊博物馆中陈列有各种造型和穿着的泰迪熊，纪念品销售部更有帮熊熊们造型的服装、配件，以及由各式泰迪熊制作而成的生活用品，非常受游客喜爱。

©MOOK 周治平摄

明洞

搭乘地铁 4 号线在乙支路入口站下车，步行约 3 分钟可达

剧中，彩静和李信从一开始的对立到后来爱情的不断升温过程中却还是压抑彼此的感情，从而发生许多误会。但是隐藏不住的爱意，还是让他们在明洞当街拥吻。

在明洞无论你走什么方向，都可以见到当季服饰、国内外知名品牌服装、最新手机吊饰、流行文具等琳琅满目的商品，另外这里还有电影院，因此，这里是花上大半天也逛不完的购物商业圈。

近来韩国观光在亚洲市场逐渐升温，这个集所有休闲娱乐设施于一区的商业圈，不仅假日会聚集逛街购物的人潮，就算非假日，也可见来自亚洲各国的观光人潮。

我的女孩

故事叙述和父亲相依为命的幼琳，随着父亲四处流浪而习得中、日文，最后父亲为躲债而离开，她只好在济州岛担任无照的导游。面对危险时，她总能运用绝佳的技巧安然度过。

富家公子薛功灿为解开爷爷的心结，请幼琳假扮自己的妹妹，并答应给予她酬劳。在这一过程中又遇上功灿的好友徐政宇，深爱幼琳的他，只能站在一旁守护。而薛功灿的前女友金世萱的归国，以及一心想挽回与功灿恋情的她，让整部戏形成一个难解的多角习题。

●主要演员●

男主角：薛功灿（李东旭饰）
女主角：周幼琳（李多海饰）
男配角：徐政宇（李准基饰）
女配角：金世萱（朴诗妍饰）

©MOOK 周治平摄

↑ 济州岛

可由首尔或釜山搭乘大韩航空或韩亚航空航班飞往济州岛，也可从中国搭乘东方航空航班直飞济州岛

周幼琳在济州岛当导游，剧情当然少不了在济州岛发生的故事，城山日出峰、天地渊瀑布都是取景地，而徐政宇的一场在饭店被追杀的戏，就是在济州岛的乐天饭店取景拍摄的。

济州岛是韩国知名的度假胜地，游客有七成都是韩国人，难怪是许多韩剧拍片的首选。

©MOOK 庄明颖摄

↓ 大韩生命 63 大楼

搭乘地铁 5 号线在汝矣岛码头站下车，再乘坐计程车约 5 分钟可达

63 大楼是剧中周幼琳最想来的地方，这幢建筑拥有地上 60 层楼、地下 3 层楼，是韩国最高的金融中心，建筑的名称“63 大楼”也是由此而来。

63 大楼外观采用双层反射玻璃，所以在太阳照耀下会反射出金黄色的光泽，而且会因时间的不同变换不同的色泽，因此又有“黄金塔”的美名。

大楼最上层为展望台，从展望台上可观赏新旧首尔的市容，可远眺 N 首尔塔、金浦机场、国会议事堂，俯瞰首尔市街等景致。大楼内还有水族馆、电影院、游泳池、美食街等多功能的休闲娱乐设施。

悲伤恋歌

俊英从小与双目失明的蕙仁相恋，后来蕙仁的母亲带着蕙仁不辞而别，之后俊英也被父亲改名为车俊奎，展开新的人生。李建宇是车俊奎在学校认识的好友，毕业之后前往美国留学。多年后俊奎见到从国外回来的好友建宇的未婚妻，居然是自己朝思暮想的蕙仁。视力恢复的蕙仁却不认得他，他在心痛欲绝之余不忍揭穿。最终蕙仁还是发现了真相，三人之间复杂的感情由此曲折上演。

●主要演员●

男主角：徐俊英（权相宇饰）
女主角：朴蕙仁（金喜善饰）
男配角：李健宇（延正勋饰）

三木渡船口

©MOOK 王铭伟摄

搭乘首尔地铁2号线至东仁川站，再转乘112号公车于三木渡船口下车

往返船票单人2000韩元、汽车3万韩元

韩剧《浪漫满屋》、《悲伤恋歌》都曾在仁川外海的矢岛上拍摄场景，电视里的优美景致、浪漫氛围让人心生向往，成为众多韩剧迷前往朝圣的地方。

三木渡船口虽不是电视剧的拍摄场景，却是前往矢岛的必经之地。令人惊讶的是，这里载客的船只非常大，汽车可以直接开上去，一次约可载运20多辆车。站在船尾，可看到成群的海鸥飞翔跟随，有人拿出饼干抛出船外，立即有海鸥冲过来衔走，景象非常有趣。差不多15分钟的航程就可到达信岛，再继续车行经由过海大桥前往矢岛。

白色别墅

仁川市瓮津郡北岛面矢岛里

建议自由行游客从仁川包计程车前往，否则从信岛前往矢岛只能步行或租自行车前往

©MOOK 王铭伟摄

这栋位于海边的白色二层楼别墅，是剧中担任音乐制作人的俊奎对蕙仁进行教唱的地方。某天因船班停驶而无法回去，两人在此独处，共进晚餐，就在此时蕙仁听出熟悉的口吻，确认眼前的车俊奎其实就是她魂牵梦萦的徐俊英。

走进这栋屋子，偌大的客厅、宽敞的厨房、半圆玻璃帷幕的回旋梯让人惊艳，而里面的装饰都维持着拍摄原貌。二楼走廊尽头摆放着一架纯白色的钢琴，弧形落地窗外就是湛蓝的大海，景致足够吸引人的目光，也够华丽梦幻！

©MOOK 王铭伟摄

精彩旅程尚未结束，请接下页➔

浪漫满屋

浪漫满屋原名“Full House”，剧情从网络作家韩智恩和明星李英宰同住一个屋檐下并约定契约结婚开始。房子和这桩婚姻受到媒体的关注，两人一走出家门都要露出开心的笑容。之后媒体揭露智恩的私生活和往事，对她造成很大的伤害。原本对智恩冷淡的英宰，却开始用尽办法保护她，两人的关系于是悄悄产生微妙的变化。

这部韩剧不同于哭哭啼啼的爱情悲剧，男女主角趣味横生的互动演出，喜怒哀乐皆紧紧扣住观众的心弦，收视一路长红，在我国上映时也形成一股收视热潮。

●主要演员●

男主角：李英宰（RAIN 饰）
女主角：韩智恩（宋慧乔饰）
男配角：柳民赫（金圣洙饰）
女配角：江慧媛（韩银贞饰）

↓Full House

仁川市津郡北岛面矢岛里 396-3

当地交通不便，建议从首尔包计程车前往

这幢位于海滩旁的白色屋子是《浪漫满屋》最重要的拍摄地点，是由剧组耗资 10 亿韩元量身打造而成。剧里最常出现的场景是李英宰使唤韩智恩去做饭，两人面对面地在餐桌上的对话，令影迷津津乐道。

顺着阶梯登上二楼，参观完李英宰的房间后，在智恩的房间角落可发现三只可爱的熊娃娃，让人不禁联想到她常在剧中边唱边跳《三只熊》童谣的逗趣模样。小屋外有一条木栈道延伸至沙滩，就是最后一集两人搭帐篷露营的地方。

↑仁川凯悦酒店

仁川广域市仁川中区云西洞 2850-1

位于仁川机场附近的仁川凯悦酒店，是一家国际连锁饭店，《浪漫满屋》中许多场景都是在此地拍摄的。李英宰与韩智恩的婚礼就是在酒店的大宴会厅拍摄的，小宴会厅则是李英宰每次举行记者招待会的地方；这里唯一的总统套房格局相当气派，卧室外面有一个宽敞的会客厅，为剧中两人的新婚房。

Lounge Bar 的吧台，是每次李英宰与江慧媛一起喝酒谈天的地方。一楼餐厅某个角落的座位，则是拍摄柳民赫与韩智恩约会吃饭之处。以上场景拍摄时都经过特别布置，所以与现今实景有出入，游客来此参观，只好尽量发挥想象力。

巴黎恋人

●主要演员●
男主角：韩启柱（朴新阳饰）
女主角：姜苔玲（金廷恩饰）
男配角：尹修赫（李东健饰）

以浪漫的巴黎作为故事场景，描述两男一女的爱情故事。女主角姜苔玲在父亲去世后，背负着父亲的梦想前往巴黎游学。在巴黎的日子得靠打工才能维持基本生计。她在一个富商家里做打杂的工作，男主角韩启柱被她坦率的言行、单纯的思想所吸引。

启柱是韩国汽车集团的社长，拥有数亿资产，具贵族气息、绅士气质。但由于先前曾遭遇过父母安排下的婚姻的失败，使他对爱情产生恐惧。启柱的外甥尹修赫，从小就离开家，个性豪放不羁，也爱上了苔玲。面对两个个性迥异却都对自己一往情深的男人，苔玲开始了艰难的爱情抉择。

CGV 电影院

搭乘地铁 6 号线在世界杯体育场站 2 号出口，体育场北门

位于世界杯足球场里的电影院，在剧中是启柱前妻上班的地方，也是苔玲回到韩国后工作的地方。

CGV 电影院在韩国有 24 座连锁电影院，设备先进豪华。位于世界杯体育场的这个电影院，总共设有 10 个厅。影院入口处有一面明星手印墙，总共有 20 多个手印，大部分是韩国明星留下的。

首尔君悦大酒店

地铁 6 号线绿沙坪站 1 号出口，过马路后转搭 3 号小巴士至君悦大酒店；或搭地铁 6 号线，在光化门或首尔站，转搭 402 号巴士可达

位于南山的首尔君悦大酒店，居高临下的视野，可以俯瞰首尔市和汉江的优美景色，向来是商务客的最爱。这里是《巴黎恋人》的重要拍摄地，从大厅、游泳池到吧台，处处都有重要的剧情上演。像启柱和苔玲的第一次接吻，就是在饭店的大厅里。而两人在游泳池畔互诉衷肠的一幕也深深打动人心。还有最重要的一幕，就是启柱在吧台里弹钢琴唱着歌曲《可以爱你吗》。

酒店的户外游泳池，视野辽阔，美好风景可尽收眼底，到了冬天则成为溜冰场。拍摄启柱弹唱的地方是饭店里的“Paris Bar”，以巴黎命名的酒吧，高贵优雅的装潢，窗外如星光般的城市夜景，最适合恋人们来此消磨时光。

©MOOK 李美玲摄

©MOOK李美玲摄

天国的阶梯

诚俊和静书是很投缘的青梅竹马，不幸的是，诚俊的父亲因车祸过世，很短时间内静书的母亲也因病去世。同样失去至亲的两个人变得更加珍惜与相爱。原本与女儿静书相依为命的韩教授，迎娶女明星郜美萝为妻，而美萝接回与之前的男友所生的一对儿女泰华和友莉同住。友莉表面上乖巧懂事，事实上极有心机，静书面对继母及友莉的欺凌只能默默承受。

●主要演员●

男主角：车诚俊（权相宇饰）
女主角：韩静书（崔智友饰）
男配角：韩泰华（申贤俊饰）
女配角：韩友莉（金泰熙饰）

乐天世界

地铁2号线或8号线蚕室站4号出口

这里是剧中诚俊家经营的游乐场，两个人从小就常在此玩耍，是诚俊和静书拥有共同珍贵回忆的地方，剧中的旋转木马便在这里取景。

旋转木马旁有一幅为了拍摄而制作的大型壁画，在剧中为泰华所画，湛蓝的天空里有天使在飞翔。现在则成为拍摄纪念照的最佳背景，许多韩剧迷来此一定会在壁画前留影纪念。另外，位于游乐场正中央的溜冰场，也是剧中拍摄的场所。

©MOOK李美玲摄

CAFFÉ PASCUCCI

搭乘地铁3号线在狎鸥亭站下，徒步15分钟可达

位于狎鸥亭区的CAFFÉ PASCUCCI，是一个纯色的红白黑设计空间，充满着都会的时尚感。在剧中，友莉经常在这里和母亲一起商议如何破坏静书和诚俊的感情。剧中拍摄的地点，为进门后靠窗的第一个座位，剧迷们可以点一杯店内的招牌意式咖啡，坐下来享受悠闲的时光。

©MOOK

冬季恋歌

超人气的裴勇俊以这部戏征服了亚洲众多的影迷。饰演俊祥的裴勇俊为了寻找亲生父亲，决心转学到韩国乡下。在学校里，俊祥和翔赫变成无话不谈的知心朋友，而且俊祥还经由各种线索，隐约地发现翔赫的父亲可能就是自己的生父。但是，当俊祥爱上新同学有珍，造化弄人的命运让俊祥惊觉初恋情人有珍才是他的同父异母的妹妹。

剧情急转直下，一场意外车祸让俊祥失去了记忆，被母亲安排移民到美国发展。以为俊祥车祸丧生的翔赫与有珍，两人各自失去了很重要的人，彼此照应成长，在事业有成后论及婚嫁。一个和过去的俊祥几乎是一样的李民亨，闯进了这个好不容易才平静的世界，让整部戏高潮迭起。

●主要演员●

男主角：江俊祥、李民亨（裴勇俊饰）
女主角：郑有珍（崔智友饰）
女配角：吴彩琳（朴松美饰）
男配角：金翔赫（朴龙河饰）

©MOOK 王铭伟摄

©MOOK 庄明颖摄

©MOOK 李美玲摄

有珍的家

搭乘地铁 3 号线，从安国站 3 号出口直走，在现代大厦前的巷子左转直走 700 米即达中央高校，从高校正对面的巷子里走进即达

这栋看起来再平凡不过的民宅，就是韩剧《冬季恋歌》中有珍的家，可以看到有珍居住的房间。民宅门口贴了剧照，游客都聚集在前面拍照，现在还开放给民众付费进入参观，使人们有机会走进有珍居住过的房间。

©MOOK 李美玲摄

↓ 南怡岛

在加平火车站或巴士站，乘坐出租车约 10 分钟可到渡口。码头每 20 分钟一班船，18：00 后每 30 分钟一班，约 10 分钟船程可达

剧中的男女主角两个人逃课到这里玩。岛上有大片碧绿的草地，数条笔直的银杏树和杉木林道，一到秋天，枫叶区的红叶加上变成金黄的银杏，比冬季的雪景更添一份诗意。

水杉林步道是剧中有珍和初恋情人俊祥第一次约会的地方，当时天空飘着细雪，两个人逃课来此骑自行车，浪漫气氛不言而喻。现在，这条步道成为韩剧迷们必访的景点，不论是秋冬的萧瑟还是春夏的绿意，都十分美丽。

©MOOK

©MOOK 李美玲摄

©MOOK 李美玲摄

↑ 首尔市中央高校

搭乘地铁 3 号线，从安国站 3 号出口直走，在现代大厦前的巷子左转直走 700 米即到

中央高校设立于 1910 年，是首尔著名的男子高中，在《冬季恋歌》的情节中，有珍和俊祥就是在这所学校读书。许多日本游客特地来此走访校园，探访大礼堂里的钢琴，在录音室前照相，痴迷程度可见一斑。

→ 厚岩洞圣堂

搭乘地铁 2 号线，在溪城站 1、2 号出口，往厚岩洞市场方向徒步 5 分钟可到

这座位于宁静社区的教堂，因为《冬季恋歌》而声名大噪，络绎不绝的游客特地来此一睹剧情中感人的场景。在这里，俊祥在教堂中深情的祈祷台词，深深打动了每位影迷的心。

这座 40 年前由首尔大学美术系所设计的教堂，阳光从彩绘玻璃窗洒落，宁静中带着神秘气氛。剧中，俊祥坐在面对着祭坛的第一排右边第二个位置上，跪着祈祷："我好想跟那个女孩子共度一辈子……"

©MOOK 李美玲摄

大长今

主要演员

女主角：徐长今（李英爱饰）
男主角：闵政浩（池珍熙饰）
男配角：中宗（任豪饰）
女配角：崔今英（洪莉娜饰）

这出历史剧的名称《大长今》，是朝鲜王朝第一位女医生的名字。在重男轻女的年代，女子当医生是件难得的事。长今原先待在厨房，后来才学医，厨艺与医道两者融会贯通，剧中穿插介绍了相当多的食疗、养生保健的知识。

父母双亡的长今因缘际会在御膳房展露才干，并与支持她的贵人韩尚宫合作，但后来她们双双被小人崔尚宫陷害，被发配至济州岛。韩尚宫死后，长今想回京城而决定习医，经过张德的教导，在宫廷医女考试中荣登金榜。进京后，长今发挥仁心仁术，屡获好评，更揭发宿敌崔尚宫等人的阴谋，为韩尚宫和自己的母亲平反。君主中宗爱慕长今，但为了让她帮助更多人，封她为正三品官，赐号“大长今”，成为韩国最具传奇色彩的女医官。长今一生颠沛流离，最后与爱人闵政浩结为连理。

MBC 大长今村

在首尔搭乘 301 路巴士，需时 3.5 小时

MBC 大长今村是 MBC 电视台为了拍摄历史剧《大长今》而搭建的布景，电视剧杀青之后，就保留原样供游客参观。在这里不仅可以参观到拍片的现场，每个场景旁还有详细的解说和剧照，更安排了许多道具与游客互动，即使没看过《大长今》，也可以迅速地体验剧中的乐趣。

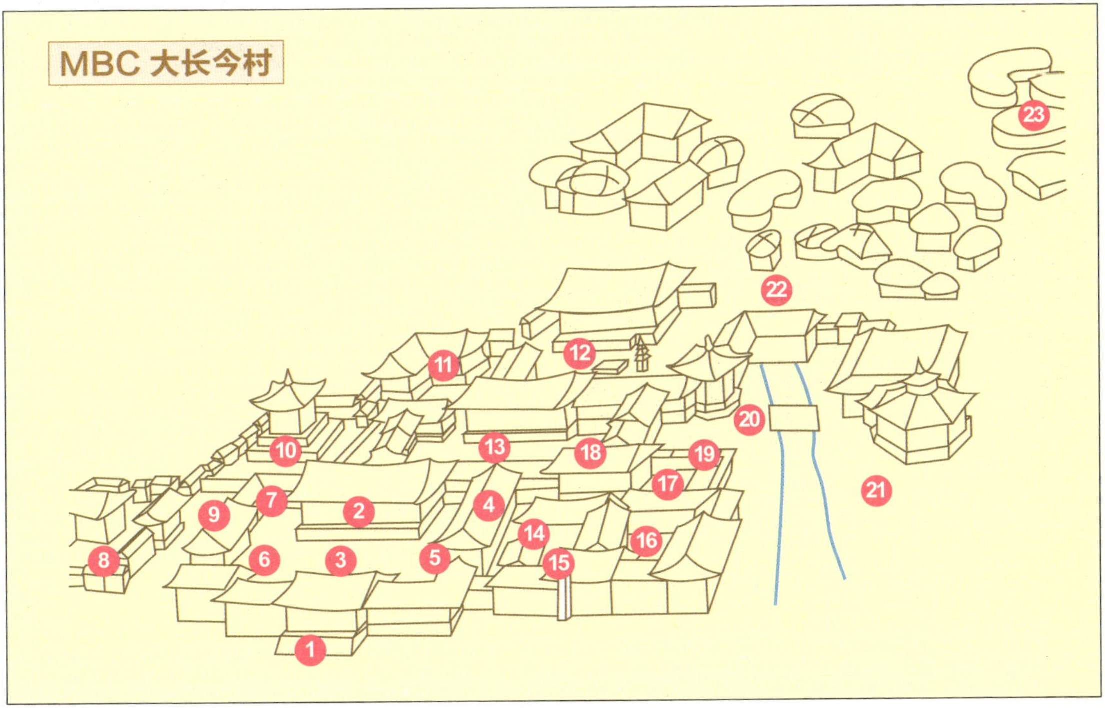

MBC 大长今村

宫殿门

大门旁摆放了一面大鼓，同时播放着《大长今》的音乐。

2 大殿

这里曾举办了甄选宫女的御膳竞赛以及最高尚宫的御膳竞赛，许多集会的场面也都是在此地拍摄的。这里摆放了几个剧中人物的人形立牌，供游客拍照。

3 大殿行脚和庭院

这里拍摄了长今和韩尚宫见面相拥的场景，也是医官和医女聚集的场所，闵政浩传达圣旨给长今时也是在此地拍摄的。游客可以在此体验坐轿子的乐趣。

4 淑媛娘娘住处／韩尚宫住处

这里是淑媛娘娘和连生的住所，韩尚宫和长今也住在此地。

5 退膳间

韩尚宫和小长今住所里的厨房，这里是小长今和小连生寻找母亲的手札以及惹出众多麻烦的场所，现场有许多的厨房小道具。

6 书库／内医院的建筑

是宫里的书库和内医院，剧中的医官和医女常在此进出。长今把书信送到书库时，意外地第一次见到了闵政浩。

7 内医院旁边的大门

这是长今被绑架的地方。

8 义禁府里的监狱

阴森的监牢，这里是拍摄因硫黄鸭事件而被关的长今和韩尚宫，以及因为毒蘑菇而被关的崔尚宫和今英的地方。门口还摆放了各式刑具，游客可以想象被刑囚的画面。

9 狱舍—亭子

从狱舍到亭子的道路，是长今和闵政浩拥抱时的一处取景地。

10 亭子

这里是小长今用松枝夹松子的地方，现场还摆放了相同的道具让游客体验。亭子下有一个盒子是长今藏母亲手札的地方。凉亭旁边还埋有一个陈年醋坛，是长今妈妈和韩尚宫两个人一起酿的醋。同时，闵尚宫也是在这里教导连生如何接受月亮灵气的。

11 拷问刑房

现场展示着审判椅，剧中许多拷问的场景都是在这里拍摄的，比如硫黄鸭事件、崔尚宫因有毒蘑菇而被审问。

12 司饔院

这里是负责国王饮食与供给的官厅，侍令熟手会在此准备宴会食材，现场目前展示着装酒缸的推车和料理的模型。游客可以在此挑选自己喜爱的宫廷服饰拍摄纪念照，小朋友穿起小长今的衣服特别可爱，每次每人 5000 韩元。

7

8

9

10

11

12

⑬大妃殿

大妃殿兼尚宫住处。连生和令路为了能够在竞赛中获胜，在此烧火盆祈福，现场还保留了当时的道具。

⑭最高尚宫住处

是御膳厨最高尚宫，也就是郑尚宫居住的地方，连生和令路为了御膳竞赛的试题在此被逮捕。

⑮长今的厨房

位于御膳厨一角，也是御膳竞赛中长今和韩尚宫一起准备食物的地方，在此也拍摄了长今代替韩尚宫做菜的场景，以及她为闵政浩做三色元宵的场景。

⑯御膳厨

这间偌大的厨房就是给国王准备食物的场所，也是长今的母亲看到崔尚宫在大妃娘娘的饮食中放了草乌和川芎的地方。厨房里放了各种食材的模型，还有各式各样的锅碗瓢盆刀叉等厨具，游客造访时总会拿起蔬果摆出大厨料理的样子，或是试着打水挑水。这里还摆放了一台电视，介绍在片中担任宫廷料理顾问的韩福丽女士。

⑰御膳厨里的仓库

黑漆漆的仓库，是长今因为被嫁祸而囚禁的地方，里头摆放着御膳厨的粮食。

⑱崔尚宫的厨房

崔尚宫和今英的厨房，当初两人准备御膳比赛就是在此地，厨房里摆放着小道具和厨具。

⑲酱库

摆满了大大小小的酱缸，是宫里存放酱菜的地方。郑尚宫与小今英、连生等小宫女唱歌的场面就是在此拍摄的。

⑳小溪／桥

小溪是拍摄硫黄鸭的场景，仍保留了数十只可爱的黄毛鸭在现场嬉戏。溪边的桥是中宗和长今晚上散步的地方。

㉑拉弓场

剧中迎送明朝使节的场所，闵政浩和中宗也曾在此比赛射箭。这里可以让游客体验传统的射箭游戏。

㉒金鸡饲养场

宫中饲养鸡的地方，剧中今英遗失的金鸡也养在这里，现场现在摆放了假金鸡模型。

㉓侍令熟手酿酒处

这里是小长今养父母的家，也是拍摄侍令熟手姜德九酿酒的地方，还放了一台电视播放相关的剧情。游客可以在这里品尝韩国的传统米酒。

风情2 香辣够味的

传统泡菜

说到韩国料理，就不得不提那辣得令人冒汗的泡菜。这闻名海外的美食，是韩国典型的发酵食品。由于过去寒冬时节无法种植蔬菜，只得先撒上盐巴，以延长蔬菜的食用期限。

印象中的韩国泡菜就是大白菜腌上辣椒，其实，初期韩国没有种植白菜，也没有辣椒。白菜是从中国东北地区引进的，辣椒也是于1592年传入韩国的，随后逐渐发展，添加了鱼酱、大蒜、生姜等许多调味料，主材料也多了黄瓜、萝卜等各种蔬菜。腌、拌的方式改变，口味也有了变化。

今日韩国泡菜的种类已达200多种，一般常吃的口味也达50多种。因为气候的差异，在韩国北部与南部的泡菜口味也不尽相同，北方因为天气寒冷所以泡菜的口味较不辣，而南方因为天气暖和，所以口味较咸且辣。

不过，所谓的“韩国泡菜”只是一种小菜的统称，除了火红冲辣的泡菜，也有不少以醋、糖腌渍的清爽小菜，大多搭配着烤肉等重口味料理，十分爽口。

时至今日，大部分的韩国妈妈仍在入冬前自己制作泡菜。随时想吃，各大超级市场就有方便的真空包装，连便利店都有随手包，各家餐馆上菜前最先送上的也是可续盘的泡菜。

除了当小菜吃，还有以泡菜为底料发展出的国民料理，包括泡菜炒饭、泡菜豆腐锅、泡菜拉面等，都是韩国人喜食的家常料理。

风情 3 滋补养生的 高丽人参

人参所具有的神奇功效早在中国汉朝的《神农本草经》中就曾提到，它被认为是让人长生不老的长寿药，并可治百病、活络神经、养颜保健。韩国因为气候和土质适合栽种人参，所以能生产出品质最优的人参。人参可以分水参、白参和红参三种，其中以必须先蒸过再让它干燥的红参药效最高。人参产品的种类非常多样，人参茶、人参精、人参糖、人参饼、人参洗面乳、人参保养品等吃的用的一应俱全，可以说它和韩国人的生活息息相关。

人参的价格因为种类、年份、品质等因素而相差悬殊，买人参最好到品质优良的人参专卖店或是免税店购买。

想要品尝人参料理，不妨试试著名的人参鸡，这是一种用童子鸡为原料，将鸡的内脏取出后，加入人参、糯米饭、大蒜、枣子等食材，放入土锅中长时间熬煮的菜肴。人参鸡汤营养价值高，韩国人习惯在炎热的夏季食用，认为可以滋养保健，而且对消除疲劳有神奇的功效，所以不分季节，只要你到韩国就一定吃得到这种经典的韩国美食。品尝时可先将鸡肉捣碎，并依自己的口味，加入胡椒粉、盐。

风情4 精彩绝伦的传统戏剧

不需要听得懂韩文，也不需要对艺术有特别的涵养，“乱打”的表演就是有办法让来自世界各地的游客融入欢笑声中。

在亚洲掀起一股热潮的“乱打”是以敲打各式打击乐器为主要表演方式，并将剧情融入敲打之中串成一出逗趣的剧目。由于它是非语言的表演方式，完全是以敲打的音乐声和舞者的肢体表现来呈现，因此是一种无国界、无年龄的表演方式。而所谓的打击乐器，也是运用各种厨房用具，像是生活中最常见到的锅碗瓢盆，来谱成一首首充满韵律与爆发力的旋律。

“乱打”可以说是结合韩国传统打击乐与现代表演艺术的杰作。剧情是以一个宴会的厨房为背景，内容是描述三位厨师在接受上级无理的指示后，必须在一小时内完成结婚筵席的全套料理。雪上加霜的是此时他们还得和上司的笨外甥一起工作，结果当然是这四位厨师不负众望完成使命。但中间过程的喜感可是让整场戏笑声连连，充满热情与活力的节奏声更是响彻全场。散场时更是达到观众与舞台融为一体、全场疯狂的状态，鼓掌声与叫好声经久不息，最后还有签名的活动。

虽然表演的内容相同，但因表演队伍的不同其整体风格也不尽相同，但是“乱打”的精彩程度却是毋庸置疑的。

乱打

©MOOK 陈美枝摄

SUGAR

风情 5

传统蒸汽浴池

汗蒸幕

汗蒸幕（Sudatorium）为韩国最具代表性的传统蒸汽浴，据说起源于距今已有 600 年历史的朝鲜王朝时期。它初步的概念源自烧陶瓷的窑屋，因此以岩石和黄土堆砌成的巨蛋形窑屋（幕）为最主要的设备，此“幕”的直径和高度约在 6 米，每块岩石也厚达 1 米，这些构造和数字可是经过严密计算后的完美呈现。

幕窑内的地板会放置松树，中央处会燃烧松根，燃烧松根时会释放出香味，可消炎抗菌、治疗皮肤病、神经痛等。至于远红外线，可促进汗液的分泌以及体内代谢废物的排出。

“幕”最上层的温度一般维持在 700 ~ 800 ℃，下层的温度也高达 90 ~ 150℃，良好的温室效果，不同于一般的桑拿，是一种高热的物理治疗法。为了避免高温直接接触肌肤，人们必须穿上棉麻质地的衣袍才能进去，一进去无须太多的时间毛孔即会张开，体内废物则顺着汗水排出，畅快无比。至于要在里面待多久，则因每个人的体质而定，千万别逞强，最好不要超过 10 分钟。有贫血、心脏病、低血压的人最好不要尝试。

风情 6

细品茶香的品茗文化

©MOOK 庄明颖摄

绿茶传入韩国要追溯到新罗时代，当时韩国并不产茶，喝茶者多半为贵族或身份地位较高的人。僧侣原在祭拜时才喝茶，随后也成为一种自行修身养性的课程。

韩国饮茶文化在高丽时代因为佛教文化鼎盛而推广开来，但到了朝鲜王朝时代，饮茶也随着佛教的衰退而日渐式微，直至近年才又逐渐被一般大众接受，在首尔仁寺洞附近就有不少传统茶馆，可以体验韩国的传统饮茶。

韩国绿茶依节气大致分为三种，谷雨前摘收的为“雨前茶”，谷雨后为“细雀茶”，在细雀茶之后采收的称为“中雀茶”。目前韩国茶产地都在南部，产量最大的是全罗南道的宝城市，智异山则以特选茶闻名，济州岛的汉拿山也是产区。

喝韩国传统茶（韩国人称为绿茶）时，基本茶具有茶壶、茶碗、茶杯。由于韩国茶为生茶，只炒茶而不发酵，因此泡茶的水温在 75 ~ 80℃为最佳，冲出来的茶汤为淡淡的绿色，味道也比中国茶淡。

喝韩国茶其实没有太多规矩，奉茶时从右手边先传，或先给在座长辈。倒茶时须两手捧着茶碗，喝茶时也是两手捧杯以示尊重。

在传统绿茶式微的那段时间，用药草和果实熬煮的茶品取代了绿茶。这些茶品冷热皆宜，喝时淡淡的茶香带着微甜微酸的味道，尤其是柚子茶，营养丰富、香气独特，深受消费者的喜爱。

©MOOK 庄明颖摄

风情 7 白色激情

韩国的雪季漫长，这里的度假村是东北亚最物美价廉的度假村，因此早已成为亚洲游客玩雪、赏雪、滑雪的首选。近年由于韩国偶像剧的风生水起，在各大滑雪度假村里都能找到剧中浪漫的拍摄场景，因而除了银白世界的美丽景致，这里也多了一份剧迷朝圣的热情。

韩国凭借冬季雪量丰厚、雪季长的优势，每年从年底一直到第二年年初，都会举行“Fun Ski & Snow Festival”滑雪节，活动为期 3 个月，内容有滑雪课程、雪橇比赛和流行歌手的雪夜演唱会等，无论是初学滑雪者或是个中好手，皆可参加，非常热闹。

滑雪世界

©MOOK 庄明颖摄

首尔是韩国的首都，韩国有 1/4 的人口聚集在首尔市，市内地铁网络非常便捷，是游览首尔最佳的交通工具。

首尔地铁共有 9 条主要路线，加上盆唐线及国铁，整个地铁交通纵横交错。1 ~ 5 号线串联市中心多处著名景点，7、8 号线的停靠车站多为郊区。首尔地铁的运营时间从凌晨 5：00 至午夜，每隔两三分钟一班。

这 9 条地铁路线的站名、出口等，都标有中文、英文站名，并且各站依路线编有号码。对照中文站名和号码，不必担心坐错车、下错站。同时，这 9 条地铁路线在地图上用不同的颜色标出，包括它的车站、出口，看颜色也知道自己所乘的是几号线。根据车站指示牌清楚的标示，以及车厢内的电子显示屏的不断显示，可以轻松地搭乘地铁游遍首尔。

1 号线中段的钟阁、市政厅、首尔火车站是首尔中心区，许多政府机关都位于此地。这条地铁线最不能错过的就是以批发服饰闻名的东大门市场及号称全亚洲最大的龙山电子商场。

2 号地铁线被首尔人称为“大学线”，沿途有弘益大学、梨花女子大学等学府。邻近乙支路入口站的明洞，是以年轻人流行商品为主的购物区。这条线路环绕首尔市，范围从市中心到江南区，是首尔吃喝玩乐最时髦、最集中的一条路线。

3 号线是文化线，由首尔西北方向一直延伸到江南区，途经首尔五大古宫中的景福宫和昌庆宫，最能体现韩国传统文化的仁寺洞，以及呈现旧时代韩国人生活的南山谷韩屋村。首尔精品时尚区狎鸥亭也在这里。

地铁 4、5 号线成十字交叉于东大门运动场。4 号线除可以到达东大门、明洞、首尔火车站外，沿途还拥有用于国际表演的世宗文化会馆、以小剧场蓬勃发展而著称的大学路地区。已被列为观光旅游项目之一的“乱打”，在 5 号线的西大门站。想欣赏首尔不同的风景，也可经 4、5 号线前往汝矣岛、N 首尔塔。

地铁 6、7、8 号线途经的重要景点多为“国际级”。6 号线的黎泰院是知名运动服装店和皮件店的聚集地，绕着城市外围的 7 号线经过许多国际时尚名牌专卖店云集的江南区，而 8 号线蚕室站的乐天百货超市和免税店，是各国游客离境前采购纪念品的地方。

首尔

서울

KOREANA
HOTEL
NANCE CENTER
ACE BED

明洞

명동

想要抓住首尔的流行脉搏，走一趟明洞准没错。无论哪个方向走，都可见当季服饰、国内外知名品牌服装、运动用品、最新手机吊饰、流行文具杂货等，应有尽有，是花上大半天也逛不完的购物商业圈。

在明洞，价廉物美的彩妆连锁店有好几家，加上彩妆店里的化妆品都可以免费试用，大可以一大早上班前在店里将所有的彩妆都涂上脸，也没有店员会干涉你，尽情享受变脸的乐趣。

不论是为了吸引客人入店的小礼物，还是买正品送赠品的超值优惠，都让逛彩妆店多了几分满足感与幸福感。明洞可以说是彩妆店的必争之地，所有最时尚的彩妆连锁店，在这里都可以找得到，有的在明洞还不止一家店。

在旅途中总是有些意外，如果眼镜不小心被坐坏了、摔坏了，就到明洞走一趟吧！若近视程度不复杂，贴满了日本杂志介绍的眼镜店，比如 Grand Optional、Kana、Cystal、Vienna Optional，各色镜框供顾客选择，验光后 20 ~ 30 分钟就可交货。

大部分的眼镜店店面明亮，店员通中文、日文、英语、韩语，验光配镜等沟通都不是问题。有的还在橱窗玻璃上大大地贴着“20 分钟一定交货”的保证宣传语。

逛完明洞这么多家店，不妨在这里品尝美味的韩国美食，香气正诱惑着路人进门大快朵颐。

实用信息

如何前往

有两条地铁行经明洞地区，可选择绿色 2 号线在乙支路入口站下车，或搭乘浅蓝色 4 号线在明洞站下车。

©MOOK 李欣怡摄

区内交通

在明洞可步行参观，无论从乙支路入口出发，由明洞地下街和新世界百货往明洞方向逛起，或从明洞站直接进入明洞商业圈皆可。

住宿

在明洞地区如果想讲求方便又住得较为舒适的话，可选择区内的三家饭店，分别是 Savoy、Royal Hotel、Sejong Hotel。

©MOOK 文美玲摄

实用信息

行程安排

若想细逛明洞地区，建议可以在11点左右抵达，先在营养参鸡汤尝尝韩国特有的养身食补，为一天的血拼行程打好基础，然后就可以开始漫游明洞了。逛累的话，更可以在明洞街头四处林立的咖啡馆坐坐，或是在流行街的摊子尝尝辣炒年糕、炒猪血肠等韩国风味小吃。

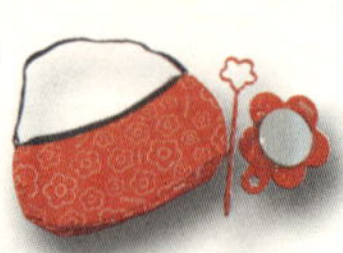

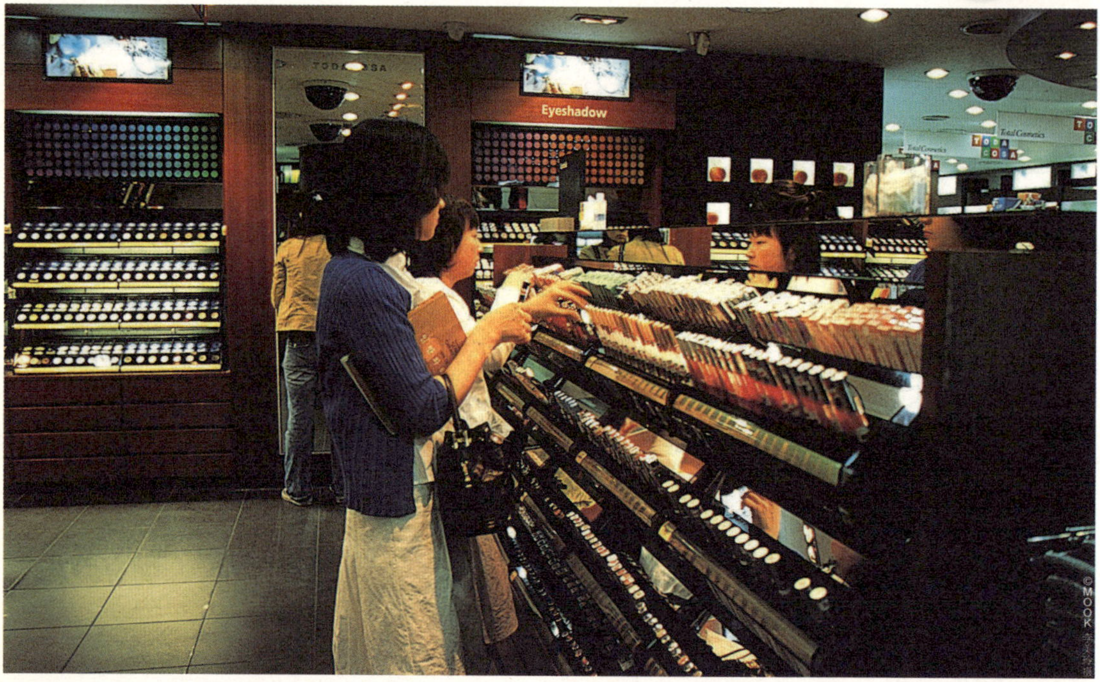

©MOOK 李美玲摄

Supermarket

©MOOK 李美玲摄

(02)775-1515
10：00 ~ 22：00
T恤3.9万~4.9万韩元、帽子2.9万~4.9万韩元、裤子8万~9万韩元、罩衫6.5万韩元、黄色凉鞋7.9万韩元
www.supermarket.tv

这间叫做Supermarket的服饰店，仅是在明洞就有五家之多，它是1996年创立的品牌，在首尔已经成为流行商品的代名词。每家店面的颜色都是纯色的，黄、红、白、蓝等粉饰的店面，力求营造一应俱全的氛围。

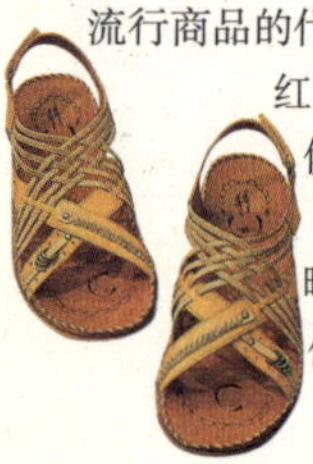

走进店里，货 架上的商品让人目不暇接，从手链、戒指、帽子、披肩等小物件到搭配成套的服饰，应有尽有。

©MOOK 李美玲摄

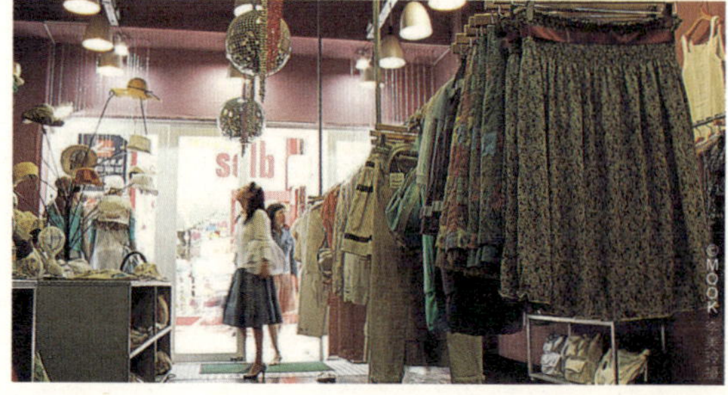

Supermarket 的衣着主要走欧洲和日本风格，看似随意的搭配穿着，实则走在流行前端，因此吸引了许多日本和中国的客户。

maru

(02)319-7204
10：00 ~ 22：00
价位 1 万 ~ 10 万韩元，T 恤 2.5 万韩元起、男 POLO 衫 2.4 万韩元、品牌 物袋 2.1 万韩元

maru 的男女休闲服饰，色彩既鲜艳又明亮，帽子、T 恤、POLO 衫、袜子、皮带等，处处充满了青春活力的气息。除此之外，更因流行 LOGO 图案，推出了蓝色小精灵款式的 T 恤，十分受艺人的喜爱。

©MOOK 李美玲摄

maru (INNERWEAR)

10：00 ~ 22：00
内衣 1.78 万韩元起、小可爱上衣 1.18 万韩元起、四角裤 1.25 万韩元起

©MOOK 李美玲摄

这三家连在一起的店面，在明洞街头十分醒目。从服饰、彩妆到内衣，maru 都以鲜亮的色彩掳获人心。这间小巧的内衣店也不例外，室内装潢和商品的用色大多是粉蓝、粉红、橙黄、鲜绿、澄蓝，图案有星星、小花、小草、心形、小动物……每种款式都甜蜜得让人想大叫“卡哇伊”！

这里最流行的内衣图案是点状或条纹的款式，店家贴心地推出 couple 组合，让热恋中的男女一起体验超可爱内衣的甜蜜滋味。

©MOOK 李美玲摄

©MOOK 李美玲摄

Lotte Young Plaza

地铁 2 号线，乙支路入口站 7 号出口
(02)771-2500
11：30 ~ 21：30

位于明洞的 Lotte Young Plaza，是 2003 年年底开业的大型百货商场，玻璃幕墙的大楼、明亮的灯光、简洁的装潢，散发出浓厚的流行气息。

地下一楼、地上六楼卖的都是韩国最流行的青少年服饰、彩妆，商场内还设有指甲彩绘店，各种最流行的品牌在这里可以一网打尽。顶楼是具有各国特色的料理餐厅，无印良品在地下一楼设有柜台。

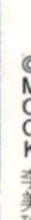

©MOOK 李美玲摄

©MOOK 李美玲摄

Basic House

(02)772-9105
10：00 ~ 22：00
裤子 1.7 万 ~ 3.4 万韩元、衣服 5900 韩元起
www.basichouse.co.kr

强调实用、休闲风格的 Basic House，在全韩国共有 170 多间连锁店，位于明洞的这家店拥有两层楼高的店面，店内除了休闲服饰，还销售鞋子、袜子、帽子等配件，男装体现的是运动休闲风格，女装走的是柔美路线。Basic House 的所有衣服都是容易搭配的基本款，十分适合年轻人。

©MOOK 李美玲摄

©MOOK 李美玲摄

©MOOK 李美玲摄

Ava Tar

10：00 ~ 22：30，每周二休息

Ava Tar 位于明洞入口处，购物商场从地下 2 楼算起共有 11 层，1、2 楼是女装，各式衬衫、牛仔裤、套装一应俱全，价钱与东大门不相上下，但卖场规划比较宽阔；3 楼为男装部；4 楼为时髦杂货、珠宝；5 楼为生活用品、CD、文具，是喜爱韩国流行文具者最不能错过的地方。

5 楼文具区聚集了韩国品牌的各式文具，其中有许多线装笔记本。再往上走，6 楼为通信器材及家电。逛累了，1、7 楼有餐厅，8、9 楼为电影院。

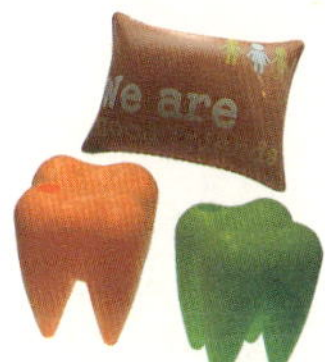

©MOOK 庄明颖摄

©MOOK 庄明颖摄

©MOOK 庄明颖摄

异色衣
이색의

(02)774-4948
10：00 ~ 22：00
www.2sac2.com

异色衣专卖韩国设计师朴佳瑛的作品，服饰融合了韩国与现代的风格，紧跟时尚潮流，又具有独特的设计特色。

异色衣店面不大，以原木搭建的店面外观，在明洞商业圈里倒是独树一帜。

©MOOK 李美玲摄

clr!de

(02)773-4810
11：00 ~ 22：00
T恤2万韩元、衬衫2万~3万韩元
www.clride.co.kr

©MOOK 李美玲摄

©MOOK 李美玲摄

Clr!de是韩国三大服饰品牌之一，在全韩国有100多家连锁店。这里的服饰剪裁简约、色彩鲜艳、容易搭配，经常以当红韩星作为品牌代言人，像裴勇俊、宋慧乔、李政宰、金载沅、林秀晶、朱智勋等，因而引出不少话题。

店中也依每年推出的品牌代言人，制作偶像们的产品宣传海报等，为产品的销售做足了准备。

Art Box

11：00 ~ 22：00
发饰1000韩元起、三顺猪大玩偶3万韩元起、个性相框2500韩元起、小化妆包4500韩元、巧克力300韩元起

在首尔各热闹商业圈里，大概都可以见到Art Box这家文具连锁店的踪迹。Art Box以出售各式印有流行图样、可爱造型的生活杂货、文具、包包、糖果为主，是首尔高中生最喜欢逛的文具店。

©MOOK 李美玲摄

©MOOK 李美玲摄

©MOOK 李美玲摄

©MOOK 李美玲摄

金刚鞋

금강제화

(02)753-9411-3

10：30 ~ 21：00，周日&例假日 10：30 ~ 20：30

www.kumkang.com

金刚鞋为韩国鞋店老铺，在韩国各地都可看到此牌子的店面，明洞就有两家金刚鞋店。这家店展售的商品包括：英国直营的 clarks、休闲风格的 buffalo 和适合成人的 diamond 等。

鞋子都在 1 楼和 2 楼，1 楼为女性和小孩专区，2 楼为男性和休闲款，3 楼则是本店自创服饰，4 楼为男性的服装店和咖啡店。从小孩到成人的各式鞋款及服饰，可说是一应俱全。

©MOOK 李美玲摄

©MOOK

明洞衣类

披巾 4000 韩元起、Cathy Cat 口红 1.6 万韩元起
10：30 ~ 22：00，周日 11：00 ~ 21：30，旧历新年休息

明洞衣类是明洞低价商品汇集的商场，商品从一般休闲服、围巾、帽子，到各式各样的化妆品，全都比一般店家低 15% ~ 20%。

在明洞衣类里，各款各色的商品任君挑选，所有的化妆护肤品都可以试用。有 5 层楼高的卖场内，样式齐全，货物琳琅满目。

©MOOK 庄明颖摄

EBLIN

(02)319-0770
10：00 ~ 22：00
3 万 ~ 4 万韩元
www.eblin.com

©MOOK 李美玲摄

EBLIN 的店面是粉嫩的纯色，搭配花瓣般的 LOGO 招牌，充满着柔美又浪漫的复古气息。消费群锁定 20 ~ 30 岁的女性，以每两周进一批新款服饰的快捷步伐，永远有新鲜货让顾客挑选。从内衣、睡衣到吊带袜、拖鞋，一系列商品培养了许多忠实客户。

EBLIN 是韩国品牌，在全韩国有 100 多家连锁店。设计师锁定身材娇小的亚洲女性，所设计的内衣性感十足，罩杯只有 A、B 两种尺码。

©MOOK 李美玲摄

韩国彩妆近年来跟日本彩妆一起引领流行风尚，加上偶像明星的代言，韩国平价彩妆店遍布世界各地，不论是我国，还是时尚圣地纽约，都可见到韩国彩妆品牌的踪迹。走访首尔，街头巷尾都是价廉物美的连锁彩妆店。哪些是人气商品。哪些是必选彩妆，现在就带你一探究竟。

the ÉTUDE House

明洞地区有多家分店，本店位于主要大道上
(02)753-3771
10：30 ~ 23：00
睫毛膏 6000 韩元、保湿面膜 1.15 万韩元、薰衣草足部保养霜 4500 韩元
www.etudehouse.co.kr

the ÉTUDE House 给人的感觉完全符合它的品牌形象：想成为 17 岁少女、怀揣 17 岁少女梦的都可以购买 the ÉTUDE House 的彩妆。一片纯白与粉红装饰的欧式店面外观，让人不能不注意到它，充满少女梦幻感觉的 the ÉTUDE House，连店员都是全身粉红色系的公主装扮，让人一进店里就好像到了童话里的梦幻国度。

位于明洞主要大街上的本店一共有三层，一楼为产品销售区，从彩妆到面部、全身肌肤保养品、秀发保养品，甚至连男士彩妆、保养品都一应俱全；二楼则整层布置成公主的卧房，还有一个完整的彩妆台，不定时会有化妆师为顾客免费服务；三楼则是试用区，顾客可以不受打扰地试用 ÉTUDE 彩妆产品。

隶属于太平洋化妆品公司的 the ÉTUDE House，成立于 2005 年 10 月，现在已经在全韩国扩展到 80 多家分店，在主打青春梦幻形象的这家彩妆店中，顾客除了忙着试用各色商品之外，店中的装潢更成为韩国高中女生们结伴拍照的好去处。为了服务日益增多的游客，店中还有来自中国的店员为顾客服务。

©MOOK 朱清萱摄

©MOOK 朱清萱摄

←去黑头双效组 / 8000 韩元：这是店里推出的明星商品组合，以原本的常销品洗面乳配上去黑头粉刺按摩油。

©MOOK 朱清萱摄

←睫毛膏 fixer / 6000 韩元：the ÉTUDE House 的明星商品，使用一般睫毛膏前先刷上一层，并在上好的睫毛膏干掉后再刷上一到两层，有增长、增量睫毛的效果。

©MOOK 朱清萱摄

←睡眠面膜 / 8000 韩元：这个系列有两类商品，一是镇定舒缓，另一是美白，睡前洗脸并使用化妆水后敷上一层面膜，隔天早上再洗掉即可。

©MOOK 朱清萱摄

SKIN FOOD

明洞站六号出口出来，沿着主要大道直行 5 分钟即到
(02)776-8688
10：30 ~ 23：00
苹果水蜜桃防晒乳 1.1 万韩元、蜂蜜粉底液 6900 韩元、西瓜保湿精华液 6700 韩元
www.theskinfood.com

©MOOK 朱清萱摄

©MOOK 朱清萱摄

一进入 SKIN FOOD，鹅黄与乳白色调的简单装潢，给人一种安静清爽的感觉。这个品牌强调所有产品使用天然植物成分，是“给皮肤吃的食物”，因此 SKIN FOOD 的商标就是一个天使，象征着肌肤健康的守护神。

至今成立近两年的这个品牌，目前在韩国已经有 180 多家分店，也在全韩国 60 多家大卖场设有柜台；海外有 70 多家分店，可以说是近年来韩国化妆品中成长极快的品牌之一。

与其他韩国自创品牌相同，SKIN FOOD 的产品也很齐全，从彩妆、面部和身体肌肤护理、美发产品到男士用品一应俱全。它找了韩国知名女星成宥利担任代言人，清纯的微笑正好符合了 SKIN FOOD 追求的形象。

该产品以白、红、黄、绿、黑组成，分别代表了将近 50 种的天然原料，希望消费者能够用得安心，让自然来抚慰疲倦的肌肤与心灵。

©MOOK 朱清萱摄

←**黑糖面膜 / 7700 韩元：**SKIN FOOD 的代表商品，此品牌一开始经营时就在路边发放此产品试用包，这款面膜内含矿物质与维生素 E，是温和的去角质清洁面膜。

↓**腮红 / 5500 韩元：**以红色花朵为天然色素制成的这款腮红，细致的粉状腮红配上蓬松粉扑，让色彩可以自然地晕染在双颊上，是年轻女性最爱的彩妆商品。

©MOOK 朱清萱摄

©MOOK 朱清萱摄

↑**红参修复面膜 / 1500 韩元：**这是一款为干燥受损的皮肤专门设计的汉方面膜，内含红参与蜂王浆抽取液，除了为肌肤补充营养外，更可以舒缓敏感肌肤发红的现象。

©MOOK 宋清萱摄

minimall

(02)3789-4364
平日 10：00 ~ 22：00，假日 10：30 ~ 21：30
www.minimall.co.kr（韩文）

一进到 minimall 位于 the ÉTUDE House 流行街上分店的二楼，名称虽然有“迷你”两字，卖的商品数量一点都不“迷你”，店内光是销售的品牌就有八九十种之多，摆满了各个货架和走道，各种国内外品牌的商品在此可以一网打尽，像 Laneige（兰芝）、VOV、IOPE、LG、Vantang、男用护肤品牌 somang 等。

除了出售各种品牌商品，mini 还和世界性大厂 KOLMAR 合作创立 Credit，请出演《黄手帕》的韩佳人做代言人。minimall 最动人的地方就是价格，除了不定时推出特定折扣价，还会再加送赠品。店里有会说中文的店员，她会热心地帮你挑选商品。

©MOOK 李美玲摄

↗ **面膜 / 500 韩元起：** 面膜是韩国彩妆店的畅销商品，这几款布面面膜，有时下最流行的红酒，还有韩国最著名的人参，以及清爽的葡萄、樱桃等种类。

→ **发蜡 / 7000 韩元：** 这款发蜡邀请到各种发型的韩星代言，包装上面贴有代言韩星的贴纸，不论是浪漫波浪、柔顺直发、酷炫造型……总有适合你的发蜡。

©MOOK 李美玲摄

← **Cathy Cat 两用粉饼 / 2.8 万韩元：** Cathy Cat 是 LG 和梨花女子大学色彩设计研究所共同研发的一系列适合东方人肤色的商品，这款两用粉饼，不论沾水或不沾水使用，都可创造出自然明亮的肤色。

©MOOK 李美玲摄

THE FACE SHOP

(02)318-6770
10：00 ~ 22：00
www.thefaceshop.com

THE FACE SHOP 门口高挂着出演韩剧《天国的阶梯》的权相宇的海报，光是他那迷人的笑容就足以吸引众多 Fans 投入 THE FACE SHOP 的怀抱。再加上以“环保自然”作为诉求的浅色系列包装，让卖场洋溢着清新自然的氛围。

THE FACE SHOP 的产品完全是自然主义风格，原料取自天然植物及阿尔卑斯山的冰河水，600 多种产品的原料全部取之于自然，如花卉、谷物、植物、水果、天然水等。这里从头到脚的护肤品、彩妆应有尽有，并有男性专用的护肤品。有的可以让肌肤获得养分、补充维生素，有的可以增加皮肤滋润、恢复弹性与光泽，有的可以修补受损肌肤、消除水肿。

彩妆部分，光是口红就有数十种颜色，还有 3 种系列的唇蜜、护唇膏、唇彩笔等。眼妆从眼影到各种睫毛膏、各式粉底液、遮瑕膏、蜜粉，还有数十种缤纷的指甲油，价格也十分低廉，美眉们买起来丝毫不会手软。

©MOOK 李美玲摄

←蜜粉／7900 韩元：这款复古的纸盒包装，不论是颜色或质感，都让人仿佛回到过去的时光，大而蓬松的粉扑，可以轻松上粉且不泛油光，带点微微的亮粉让脸颊顿时亮起来。

©MOOK 李美玲摄

©MOOK 李美玲摄

←优格面膜／3300 韩元：做成一盒四格优格的面膜，每次用一格，可以边抹边闻着甜甜的果香，具有去角质的功能。

↑手工皂／3300 韩元：有海藻、综合水果、绿茶、番茄、红花、奇异果、芦荟、纯米等味道，每块手工皂有不同功效，如美白、保湿或去角质，用来洗脸或洗澡都十分温和。

韩风美妆大直击（二）

M í SSHA

(02)753-8886

11：00 ~ 22：00

www.missha.net

以黑、红两个强烈对比的色调作为 LOGO，MíSSHA 的产品包装就像一朵朵小花，在每个爱美女生的脸上绽放笑颜。

2000 年以网络直销起家的 MíSSHA，隶属于韩国第四大的化妆品集团 Able C&C。以年轻化的包装和便宜的价格异军突起的 MíSSHA，光是在韩国就有超过 250 家店。

近年来 MíSSHA 更积极进军国际，包括中国、澳大利亚、新加坡、墨西哥等地都可见到 MíSSHA 五瓣花朵的踪迹。而 2005 年 4 月的纽约，最时尚的话题就是第五大道开张的 MíSSHA 旗舰店。

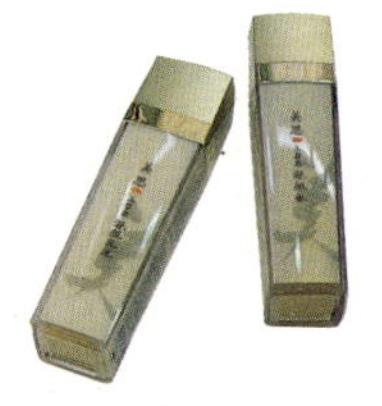

©MOOK 李美玲摄

←美思玉容散化妆水＆乳液／9500 韩元：加入了汉方的草药成分，如绿豆、白芷等，适合熟龄肤质，或是在干燥的秋冬季节使用。

©MOOK 李美玲摄

MíSSHA 之前请到韩剧《蓝色生死恋》的男主角元斌做代言，创造了一连串的话题，广告片中元斌为一女子涂上口红，女子接下来亲吻了元斌，浪漫的意境，让片中的 3074 号和 3075 号口红创下一个月狂销 2 万支的佳绩。之后的代言人还有电影与歌唱界的明星张东健与宝儿。

明亮洁净的 MíSSHA 店面，有 800 多种商品，从年轻女孩专用产品到熟女、男性适用商品应有尽有，而且产品成分全采用植物精华、汉方与天然草本等环保成分，可爱的包装加上低廉的价位，让人逛得不亦乐乎。

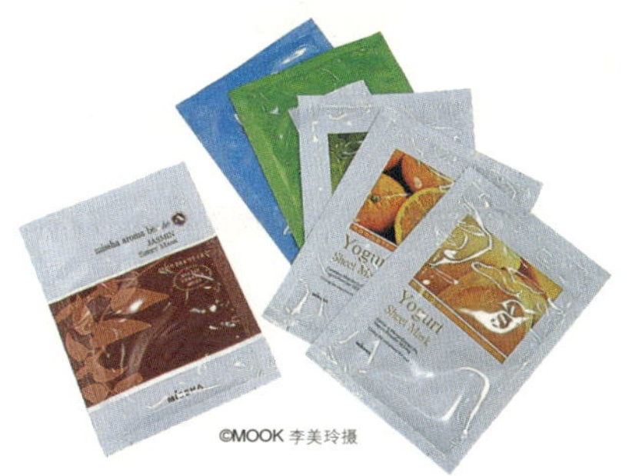

©MOOK 李美玲摄

←水果优格、海洋深层水、人参面膜／各为 3000、1500、1000 韩元：韩国的面膜非常便宜，是每家化妆品店的畅销商品。除了水果、绿茶、茉莉等天然植物成分为主的片装面膜，MíSSHA 也推出人参面膜。

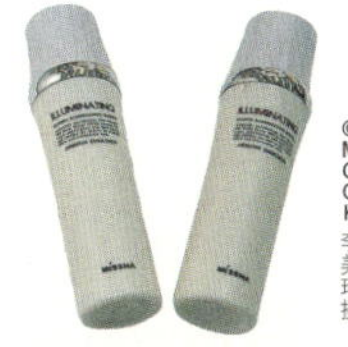

©MOOK 李美玲摄

←雪天使化妆水 & 乳液／8300 韩元：适合年轻人的肤质，加入含有白净功效的桑白皮和熊果素，能够补充肌肤水分。

©MOOK 李美玲摄

©MOOK 李美玲摄

TODA COSA

☎ (02)774-9557

🕐 10：30 ~ 22：00

TODA COSA 的名称来自于西班牙文“Totally Cosmetic”，它是一家综合美容店，全店共有 100 多个国内外品牌的护肤品、彩妆品、香水等。全韩国约有 10 多家连锁店面，主要集中在梨花女子大学、新村等处。

TODA COSA 店面装潢跟一般美容店大不相同，以昏黄灯光加上黑色为主的陈列柜，给人摩登时尚的感觉。

店里的商品采用分门别类的摆放方式，眼影盒、口红、眼影笔、粉饼等放在同一柜上，让顾客可以轻而易举试用到不同品牌的相同商品。仅是指甲油就摆满一个像大型蛋糕的圆形货架，上面各种颜色的指甲油，怎么观赏都没有人干扰到你。

明洞圣堂
명동성당

地铁 4 号线明洞站下
6：30 ~ 20：00

©MOOK 李美玲摄

©MOOK 李美玲摄

明洞圣堂位于首尔市中心区明洞，是韩国天主教的中心教堂，也是韩国第一个教区，更是韩国天主教的象征性建筑。

1784 年开始，这里就开始有信徒集会。1898 年完成了主体的建筑，1945 年更名为“明洞圣堂”　。

游客可以进入高耸入云的教堂里，参观缤纷的彩绘玻璃和肃穆的祭坛雕像，宁静的气氛让人内心平静。教堂旁边有一座展览馆，收藏了教堂旧时的雕像及历史文物，也可以参观。

向教堂后面行走，经过圣母马利亚的小花园后，会到达一座地下室，这里是以前的集合及收藏殉教者遗物的场所，低矮的地下室原有九座祭坛，目前只剩两座。而矗立于教堂前的白色十字架雕像，是 1988 年设计的作品，充满着现代感与张力。

南山谷韩屋村
남산한옥마을
明洞周边

9：00 ~ 18：00
休 周二
地铁 3、4 号线忠武站 3 号出口，步行约 5 分钟可达

©MOOK

这座传统韩屋村是于 1998 年从首尔郊区迁至现址。在面积 6934 平方米的韩屋村中，完整保存着朝鲜王朝从士大夫到庶民的住家样貌。

有趣的是，女眷卧房的位置一定在厨房旁，除了就近照顾厨房炉火，也为了保持女性身体温暖，当然，利于女性生产也是原因之一。村中每一幢建筑物外，都立有当时居住者的资料。住宅规模随着主人官阶和社会地位而有明显差异。韩屋村后紧连着首尔有名的传统餐馆“韩国之家”，两地只隔一扇门，运气好的话，偶尔可见餐馆广场的传统婚礼演出。

©MOOK 李欣怡摄

©MOOK 李欣怡摄

德寿宫

덕수궁

明洞周边

搭乘地铁 1、2 号线，在市厅站下车徒步 1 分钟

1000 韩元

3 月 ~ 10 月 9：00 ~ 18：00，11 月 ~ 次年 2 月 9：00 ~ 17：30，周末开放至 19：00，每周一休馆

除周一外，在大汉门前可见朝鲜王朝时代的王宫卫兵的交接仪式，长达 30 分钟，每日举行 3 次

德寿宫位于首尔最繁华的街道上，以富有韵味的石墙路而闻名。在首尔的宫殿中唯有德寿宫与西式建筑并举构成别样的景致。德寿宫原为朝鲜王朝成宗的哥哥月山大君的住宅。光海君（1575~1641）即位后将其改名为“景云宫”，从而使之具有王宫的面貌。后来为了祈祷高宗大王万寿无疆，又将名称改为“德寿宫”。

今日所见的德寿宫，大部分建于 1904 年后，保留有大汉门、石造殿、中和殿、咸宁殿、德弘殿、光明门等宫殿建筑。其中石造殿最为特殊，现已将它的东、西殿规划为宫中文物展览馆和国家现代美术馆分馆。

©MOOK 庄明颖摄

国家中央博物馆

국거중앙박물관

明洞周边

龙山洞 6 街 168-6 号

(02)2077-9000

地铁 1、4 号线二村站 2 号出口，出来后直行 150 米即到

平日 9：00 ~ 18：00、周六、日 9：00 ~ 19：00（卖票时间到闭馆前 1 小时）

成人 2000 韩元、青少年 1000 韩元、儿童博物馆 500 韩元

1 月 1 日与每周一休馆

影像导览 PDA 费用 3000 韩元、语音导览 MP3 费用 1000 韩元

www.museum.go.kr（韩、英、日、繁中、简中）

韩国国立中央博物馆正式成立于 1996 年，原本位于景福宫内的社会教育馆内，2005 年扩大规模并搬迁到位于龙山家族公园内的现址。中央博物馆腹地广大，为三层楼的建筑，馆外湖水环绕，绿意盎然，已经变成首尔市内适合全家出游的好地方。

馆内现有 13.5 万件收藏品，其中约 5000 件常年展示

在18间展示室内，一楼有历史馆与考古馆；二楼是书法绘画美术馆与寄赠馆；三楼则是瓷器、金属佛教雕刻艺术馆与亚洲馆。

对韩国的文化有兴趣的游客们来说，韩国国立中央博物馆是一个可以一窥韩国历史文化精髓的好地方，若时间允许，可以在午餐之后来此一游。馆内提供影音导览，除了一般的MP3语音导览外，馆内还引进PDA影音导览，让游客不会错过任何一个值得仔细欣赏的文物。

另外，为了服务来自各国的游客，博物馆的服务台还有会讲英、日、中文的专门服务人员，不用担心语言不通的问题。

南山公园

남산공원

明洞周边

搭乘地铁4号线，在会贤站下车徒步15分钟可达

9：30～23：30

©MOOK 李美玲摄

韩国之所以选定首尔为首都，是因为它北有北汉山、南有南山，易守难攻。海拔265米的南山，巍然耸立。

南山的西侧有植物园、市立图书馆和安重根义士纪念馆。东侧有国家剧场、奖忠坛公园，山顶有N首尔塔。韩剧《我叫金三顺》、《巴黎恋人》都在此取景拍摄。

©MOOK 李美玲摄

N 首尔塔

서울타워

明洞周边

地铁 4 号线明洞站 3 号出口，往 Pacific Hotel 方向，徒步 10 分钟可达
(02)3455-9277
南山缆车 10：00 ~ 22：30，N 首尔塔 9：00 ~凌晨 1：00
缆车往返成人 7000 韩元、单程 5000 韩元
www.nseoultower.com

N首尔塔是 1969 年韩国几家民营广播电台与电视台在政府的许可下，花费近 6 年的时间共同建造而成。竣工后的 N 首尔塔于 1981 年开放给一般大众参观，并迅速跻身为首尔市的观光胜地。2000 年 N 首尔塔的经营权转手之后，新的经营者在 2005 年对其展开了整修工作，并在同年年底以崭新的面貌与世人见面。

N 首尔塔耸立于海拔约 265 米的南山上，塔高 240 米，是首尔市的地标，也是观赏市内全景与夜景的最佳去处。游览 N 首尔塔最好的方法，是在明洞站下车后步行 10 分钟抵达缆车站，然后先搭乘约 5 分钟的缆车观赏周边山景，到达缆车终点站后再沿着阶梯往上。

因位于南山上，日间的 N 首尔塔可以享受首尔市的绿意与新鲜空气，而夜间更是登塔的好时机，天气好的时候，首尔市的夜景可尽收眼底，而星空下的 N 首尔塔也格外璀璨。

N 首尔塔在 B1 层除了有前往展望台的电梯，还有摆着红色时尚沙发的空间与咖啡厅，让游客可以小憩片刻。另外，这里还设有一个资讯中心，播放最新的电影资讯与音乐录影带，让游客可以掌握最新的韩国流行资讯。

不想登上展望台的游客，也可以在 N 首尔塔一二楼广场上的啤酒公园或是咖啡厅点杯饮料，在木制的露台上观赏首尔的景致。

韩国观光公社提供

钟路·仁寺洞

종로·인사동

仁寺洞是全首尔最具艺术气息的地方。所有关于韩国传统文化的想象，在这里都可以变为现实。不论平日、假日，陶瓷器艺廊、传统茶室、色彩缤纷的韩纸和扇子、改良式韩服、韩国纪念品、美味手工点心和柚子茶、街头画家……总是挤满了慕名而来的游客。

自 1970 年开始，仁寺洞就出现了许多画廊，展示从古至今的艺术品，也不时有艺术品展览会可供参观。

在仁寺洞街上，随时都有街头画家在作画，或是展示自己的作品，浓厚的艺术气息，是仁寺洞最动人的氛围。

现在的仁寺洞，因 Ssamziegil 的入驻，增添了现代的美感。年轻的艺术家们如雨后春笋般地占领了仁寺洞的各个角落，让传统的仁寺洞呈现出多元化之美。

©MOOK 李美玲摄

实用信息

如何前往

地铁1号线钟阁站11号出口步行3分钟，或地铁3号线安国站4、5号出口步行1分钟。

区内交通

可步行参观。

游客服务中心

首尔市外国游客最密集的地方是仁寺洞，因此这里的游客服务中心也很不一样。除了旅游信息，有英文、中文、日文的免费地图可拿，还可以免费上网，逛累了可以坐下来喝杯茶或咖啡。

游客服务中心还附设提款机，并且不定时举办活动让民众现场参与，比如现场彩绘T恤，只要支付衣服的成本就可以参加。

(02)734-0222

10：00 ~ 22：00

www.insadong.info

©MOOK 郭燕如摄

Ssamziegil

P.79B2
(02)736-0088
平日 10：30 ~ 21：00、周末 10：30 ~ 22：00，春节、中秋各休一天
www.ssamziegil.co.kr

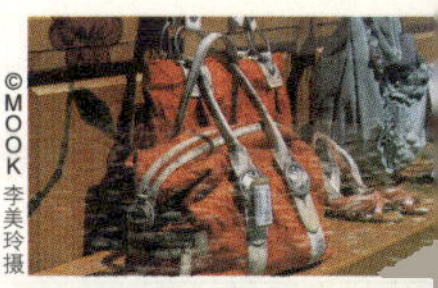
©MOOK 李美玲摄

仁寺洞最大的改变，就是 Ssamziegil 这座复合式商场的建立。它是一座地下一层、地上四层的建筑物，里面有 70 多家不同类型的店铺，从手工艺品、纪念品、艺廊到茶馆、餐厅、个人摄影工作室，五花八门。

这栋由 Ssamzie 服饰公司规划、由韩国建筑师崔文奎设计的商场，从建筑物外观到装修细节都十分讲究，别具童趣。像商场名字就是以大红蔷薇来表现，各楼层的招牌则是在木头上画上可爱的插图，连每间厕所也有令人惊喜的图画。尤其是地下一层，大面墙壁上画着兔子、蔷薇图，十分具现代感。卖场工作人员穿的 T 恤，也画着风景画（商场地下一层有售）。

商场的空间配以稳重的清水幕墙，落地玻璃窗使室内光线充足，搭配以木头、竹子等自然材质，显得明亮而时尚。每逢假日，Ssamziegil 会举办各种让民众亲自动手的活动，有时是手染 T 恤，有时是手绘运动鞋与包包，或是体验制陶等，大人小孩可以一起体验动手做的乐趣。

Ssamzie 服饰公司在这里也开了两家精品店，一楼的入口处是一家专门出售生活家居饰品的“Summ”，另一家则是销售皮包的“Ssamzie”。店内商品不多，都是以天然材质制作，加上韩国传统图案的点缀，将“在生活中融入韩国传统”的品牌精神表露无遗。

©MOOK 李美玲摄

©MOOK 李美玲摄

捕盗厅和巡逻军

捕盗厅是朝鲜王朝时代设立的捕抓盗贼及执法的机构，当时捕盗厅及一些机构都实施巡逻制度，负责巡守宫中及城内外的军人就称为“巡逻军”。

在仁寺洞，平日下午一点半、两点半、四点及周六、日的下午四点（冬季时间）或五点（夏季时间），会有一大群穿着韩国传统服饰的表演者，携带着道具、敲打着乐器，演出巡逻军的游行和古代剧《捕头和巡逻军》，同时还有押解犯人的囚车参与游行。演出完毕，游客可以自由地和演员们合影留念。

©MOOK 李欣怡摄

©MOOK 李欣怡摄

阿园工房
아원공방

(02)734-3482
Ssamziegil 一楼
10：30 ~ 19：30，农历春节、中秋节各休一天，周日照常营业
银发夹 9 万韩元起、一对耳环 2.5 万韩元起、银项链 19 万韩元起

阿园工房由三姊妹共同经营，作品风格可分为自然与仿古两种。以铜为材质制作的烛台、灯架、铜盘，造型简单、自然，出自大姐之手；而繁复精细的仿古发夹、饰品，以银为基座加上现代珠宝设计的项链，以及用银为主要材料加上金箔绘图的发夹，则是妹妹的作品。

©MOOK 李美玲摄

©MOOK 李美玲摄

Nanishow

P.79B2
Ssamziegil 一楼
平日 10：30 ~ 21：00、周末 10：30 ~ 22：00，春节、中秋各休一天
灯 6 万韩元起、手机吊饰 1.2 万 ~ 1.5 万韩元、耳环 2.3 万韩元、钥匙圈 1 万韩元、对杯一对 3.8 万韩元
www.nanishow.com

喜欢《小王子》故事的人，千万不要错过这家店，从店面的布置到产品设计，大量使用纯净的白色调，就像小王子纯真无邪的童心。

以世界名著《小王子》的故事作为素材，设计师金兰英重新创造了小王子的童话，将小王子居住的行星变成了钥匙圈、手机吊饰、耳环、戒指、Memo 夹、台灯等。不但有小王子，还有狐狸不时出现在小行星上。

这些细致的产品全都是瓷器，根据店员的经验，她的小行星钥匙圈已摔过好几次了，都没摔坏。

这里卖出的商品都会用特殊的纸盒包装，看过《小王子》故事的人，一定认得出这个有着三个孔的盒子。这是飞行员第一次碰到小王子时，小王子要求他画一只绵羊，他画了几张图，小王子都不满意，最后他画了这个有着三个孔的盒子给小王子，告诉他绵羊就在里面，小王子开心地笑了。

Nani 是设计师的小名，也是店名的由来。她还研发出个性化的“爱的对杯”，每周三前订购，周六就可以收到印有自己和情人名字的对杯。

©MOOK 李美玲摄

©MOOK 李美玲摄
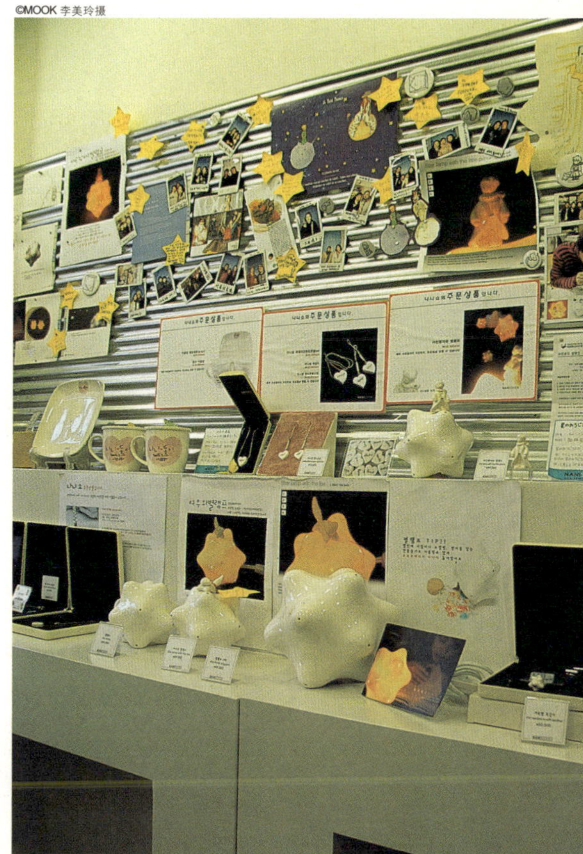

Art Side

P.79A2

11：00 ~ 19：00

大背包 3.4 万韩元、小背包 1.4 万韩元、玩偶手机吊饰 1 万 ~ 1.5 万韩元、笔记本 0.5 万 ~ 1.7 万韩元、个性图案包包 3.5 万韩元

进驻 Art Side 的艺术家每个月都不同，相同的是他们都将创作的热情化为可以销售的商品，满足了特立独行的消费者。

走在仁寺洞的街上，处处是古色古香的韩国传统工艺品。因此，Art Side 以现代艺术展现的作品，在街角显得格外引人注目，同时也更具亲和力。

在这个角落里，各种不起眼的材质，如琉璃、染布、手工珠饰、帽子、笔记本、皮件等，都可以是一件赏心悦目的商品。

在韩国非常流行的布玩偶手机吊饰，体积都快比手机大了，但玩偶独具个性的表情，让人看了想立即就拥有。

©MOOK 李美玲摄

©MOOK 李美玲摄

原州韩纸特约店

원주한지특약점

P.79A1
9：00～20：00
(02)737-3064
八角盒 2 万韩元、拆信刀 1.5 万韩元、风筝 2000～6000 韩元起、韩纸娃娃 8000 韩元、纸扇 2300 韩元起、笔记本 3000 韩元起

全州韩纸闻名遐迩，这家店打着原州韩纸的称号，主要是因为店主人将纸厂设在原州。原州的水源和制纸材料都很好，目前有不少工艺家使用原州韩纸来制作工艺品。

有自家工厂做后盾，这家店手工制作的韩纸工艺品种类很多，如纸盒、卡片、拆信刀、杯垫等。配以各种韩国传统的花鸟图案设计，十分雅致。店家也供应各种颜色的韩纸。

现在仁寺洞满街都在出售韩纸娃娃，这家店主说这可是他们家创造的商品，言外之意要买做工精细的，到他这家准没错。另外，店内还有画家手工绘的传统纸扇，也是不可错过的商品。

©MOOK 李美玲摄

©MOOK 李欣怡摄

TOTO 的旧东西

토토의오래된물건

P.79A1
(02)725-1756
10：00～20：00
电影明信片 4000 韩元起、卡通贴纸 1000 韩元起

仿佛走进小时候的杂货店，用马粪纸制作的购物袋、老电影明信片、玩偶等，TOTO 的旧东西卖的都是韩国 20 世纪六七十年代小朋友的玩具和当时流行的小物品。虽然看不懂韩文，但看到熟悉的纸牌和吹泡泡的小玩具，令人无限感怀。

©MOOK 庄明颖摄

©MOOK 庄明颖摄

第三空间
제삼공간

P.79A1
(02)737-8928
11：00 ~ 20：00
镶石银手镯 5 万韩元起、水晶别针 2 万韩元起、纸杯架 2 万韩元、挂镜 5 万韩元起

取名为第三空间，是希望营造一个超越现实、更舒适自在的空间，从以原木搭建的招牌和架高的地板，到墙上挂着的用色温暖、朴实的作品，确实有走进主人所营造的新天地的感觉。

墙上挂着的铜版画，以及用铜和银为材料制作的信插、猫形衣挂、风铃名片夹等生活摆饰，都是由店主人金基安自行设计制作的。其作品线条简洁，略带童趣，信手拈来的摆饰或饰品，都体现了作者极强的个性。

©MOOK 庄明颖摄

©MOOK 庄明颖摄

©MOOK 庄明颖摄

艺堂
예당

P.79A1
(02)732-5364
10：00 ~ 19：30，春节、中秋节休息
马克杯 1.5 万韩元起，双人咖啡杯 3 万韩元起、双人份茶具 5.5 万韩元起

©MOOK 庄明颖摄

已有 20 多年历史的艺堂，是一家生活陶器专卖店，商品包括各式茶具、马克杯、咖啡杯等。除了传统茶具外，其他杯盘，无论是马克杯上的手绘图还是造型奇特的杯子，都是韩国陶艺家的杰出作品。

©MOOK 朱涛摄

Tal 房
탈방

P.79A2
(02)734-9289
10：00 ~ 19：00，春节、中秋节休息
面具挂饰 3 万韩元起、面具钥匙圈 3000 韩元起

©MOOK 庄明颖摄

Tal 房为仁寺洞的面具专卖店，店名以韩文标示，店内作品皆为店主人弟弟在水原工房制作的手工面具。

店内除拥有大大小小的面具外，也有面具挂饰、面具钥匙圈等小东西，是相当具有韩国风味的纪念品。

韩国假面表演最初是为了嘲讽阶级制度，表演者戴上表情夸张的面具，诠释僧侣、妇女、官员等多种角色。著名的假面表演地又以安东河回村为最。

©MOOK 庄明颖摄

©MOOK 庄明颖摄

我们的世界 URISEGAE
우리세계

P.79A2
(02)725-1216
10：00 ~ 20：00
手机套 3.2 万韩元、绣布包 14.8 万韩元、名片夹 1.8 万韩元、椅垫抱枕 2.8 万韩元起
www.urisegae.co.kr

从店门口贴满日本杂志推荐报道的剪贴，就可知这家店有多么受日本游客的喜爱。店内所有织品都源于自家的设计工作室，典雅造型、柔和用色，无论以棉、麻或丝绸为材料所做的手提袋、抱枕、手机套等，还是带着韩国风格的现代设计，都吸引了许多女性顾客的目光。

店内出售的都是布制品，成品难免因往来顾客太多而弄脏，所以当你决定买哪件商品后，店员会另外给一个未拆封的新货；若要当成礼物，店家还可代为包装。

©MOOK 庄明颖摄

©MOOK 庄明颖摄

©MOOK 庄明颖摄

富 Collection

P.79A2
(02)725-1020
10：00 ~ 19：00（18：30 前入场）
www.artside.net

富Collection 拥有数个高雅的艺廊，展出作品有陶瓷、金属工艺、绘画、雕塑、天然染织等作品，主要是年轻艺术家的作品。

为了鼓励年轻艺术家创作，特地辟出一个空间，也就是室外的 Art Side，让年轻艺术家们展示自己的才华，只要感兴趣的人都可以报名参加，时间一个月。届时艺廊会经过挑选，让艺术的灵魂得到充分发挥的空间。

在 Art Side 展出的作品多彩多姿，不论是摄影照片，还是手绘服装、手工首饰，都有自己的一片天地。

©MOOK 李美玲摄

大长今韩服店
돌실나이

P.79A2
仁寺店 (02)737-2202、仁寺二店 (02)733-4223
10：00 ~ 20：30，春节与中秋节休息
一套韩服约 20 万 ~ 30 万韩元
www.dolsilnai.co.kr

韩剧《大长今》中李英爱优雅美丽的古装扮相深得人心，许多人都想拥有这么一套韩服，到底在哪里可以买到品质佳又便宜的韩服呢？

因为大长今受到广大观众喜爱，韩服店推出了大长今品牌，而且在仁寺洞还不止一家店。穿上配色典雅、气质出众的韩服，整个人感觉都不一样了。韩服店里还有小孩子可穿的韩服，以及日常服、手提包等配件。除了成品，还可量身定做，让游客也可以轻松装扮成韩国美人。

©MOOK 朱滴萱摄

©MOOK 曾秀玲摄

©MOOK 曾秀玲摄

茶经香室
다경향실

P.79B2
(02)723-3651
10：00 ~ 24：00，农历春节、中秋节休息
传统绿茶 5000 韩元 / 人、人参抹茶 5000 韩元、加味茶（柚子、五味子、红枣、木瓜）4500 韩元

©MOOK 庄明颖摄

店内用汉字印的茶单上，以谷雨、立夏等节气来细分茶叶种类。还给各种茶叶取了花开洞天、般若茶等诗意的名字。每道茶品都对其味道和功效做了简单的说明，稍作浏览就可享受到好喝的茶。

茶经香室以传统绿茶闻名，所供应的茶叶大多来自南部的智异山和宝城，店家老板向当地茶农买回茶菁自己炒制。店内供应的加味茶，包括加上生姜、甘草、红枣熬煮 6 小时的红枣茶，得在冷水中浸泡 5 小时。以新鲜果实煮制的五味子茶，平喘润肺的柚子茶、木瓜茶等，也都是主人自己煮制的。每一杯都是味道浓纯、清凉爽口的养生佳品。

©MOOK 庄明颖摄

阿里郎民食馆
아리랑명품관

P.79B3
(02)739-5700
10：00 ~ 21：00，农历春节、中秋节休息
传统韩式小点心 500 ~ 3000 韩元起、综合礼盒 6000 韩元起
www.insaarirang.com

尝过韩国的传统点心和茶食吗？位于茶行门口，看似小摊子的阿里郎民食馆已有 10 年的制饼历史。在这里，各种传统韩果点心应有尽有，沾着芝麻粉的糯米糕、滚上茶粉的红豆糯米糕、红枣糕等，样子小巧玲珑，令人垂涎。店内也销售各种韩式生活用品，如陶器、漆器等，也是一个挑选纪念品的好地方。

©MOOK 庄明颖摄

©MOOK 庄明颖摄

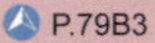

广州窑

광주요

P.79B3
(02)722-4520
10：00 ~ 19：00，每周日、春节、中秋节休息
一组茶壶约 27 万韩元
www.aolda.com

仁寺洞的主要大道上，聚集着多家陶瓷艺品店，其中又以“广州窑”的作品最具艺术格调。在利川设有自己窑场的这家店，一方面继承传统朝鲜青瓷微妙的色泽之美；另一方面又融合现代的风格，所以店内的全是高格调的杯盘作品，简洁而大方，当然价格也较高。

除了陶器外，也有一些居家用的小东西，像茶垫、餐巾等，非常具有质感。

©MOOK 庄明颖摄

©MOOK 庄明颖摄

Old Tea Shop

옛찻집

P.79B2
1 楼 (02)737-5019、2 楼 (02)722-5019
1 楼 9：30 ~ 23：00、2 楼 10：00 ~ 23：00
各种茶皆为 6000 韩元

Old Tea Shop 以昔日韩国乡村的风光为设计蓝图，带领游客进入一个宁静田园的世界中。独特的农家风格，是许多杂志争相报道的原因。店内楼上和楼下分为两家独立的店，二楼的木板楼梯踏上去会发出轧轧声响，散发着复古的风味，虽然空间不大，但却足以容纳 70 ~ 80 人。

古意盎然的家具及韩式风格的音乐，伴以三五只白纹鸟在屋内飞翔，还有瓮中悠游的金鱼，这一切使人仿佛置身乡村。在店内点任何茶品，都送年糕和韩式小点心。

©MOOK 庄明颖摄

©MOOK 庄明颖摄

©MOOK 庄明颖摄

山村
산촌

P.79B2
(02)735-0312
10：00～22：00，旧历新年休息
午餐为 1.98 万韩元、晚餐全餐 3.52 万韩元
www.sanchon.com

店主人金演植先生（Kim Yon Shik）14 岁就成为僧侣，直到 32 岁才离开寺庙。他将 18 年僧侣生涯中所习得的韩国传统素食料理进行改良，赋予韩国斋菜另一种风味。

这家店开业已超过百年，里外装潢都很别致：外观像是寺庙，内装则是原木材料。中央有一表演用的舞台，旅客围着此舞台用餐，每晚 8 点 25 分都会现场表演韩国传统舞蹈。

店内料理虽为斋菜，但食材新鲜，不使用任何化学调味品，只使用味精和胡麻油调味，可完全享受食物的原汁原味。

©MOOK 庄明颖摄

©MOOK 庄明颖摄

爸爸的小时候
아빠어렸을적에

P.79B1
(02)733-3126
12：00～24：00
各式传统茶类 5000 韩元起、泡菜炒饭等各式餐点 5000 韩元起，爆米花免费
www.appa.biz

“爸爸的小时候”的店主将火车铁轨和铁路信号灯搬到店门前。沿着铁轨走进店，就像走过时光隧道，回到父亲的童年时代。

店内洗手台是用椭圆铝制水桶钉成的，妈妈的缝纫机成了茶桌，小学课本翻开是菜单，理发厅的大红椅子就放在走道上，天花板挂着煤油灯，方桌上摆着各式杂货店里卖的小零食，墙上挂着学生制服，装爆米花的是大米缸……无处不充斥着 20 世纪五六十年代的物品。年轻顾客都觉得新奇，中老年人则感慨万分。

店内除传统加味茶之外，还提供店家用采自山上的松叶、艾草等 14 种野菜晒干发酵后煮成的山野茶，味道清爽略甜，有助于血液循环。

©MOOK 庄明颖摄

©MOOK 庄明颖摄

©MOOK 庄明颖摄

清溪川
청계천

地铁 1 号线市厅站 4 号出口、2 号线乙支路三街站 1 或 2 号出口、3 号线钟路三街站 13 或 14 号出口、2 号、4 号线东大门运动场站 1 号出口或 5 号线光化门站 5 号出口都可以到达

cheonggye.seoul.go.kr

位于首尔江北中心地区的清溪川，是一条人工开凿的，从市政府附近光化门区域往东延续到上往十里区域的一条溪流。清溪川贯通的历史已经超过 500 年，原本是一条因地形而形成的水道，后经人工整治之后有了现在的雏形。但是随着首尔的变迁与人口的急速增加，清溪川在水量不稳与污染处理困难等多重原因下，于 20 世纪初就开始了覆盖计划，此计划在 20 世纪 70 年代正式完成。同时韩国政府更在其上建设了横跨首尔江北地区的清溪川高速公路。

近年来因清溪川高速公路的年久失修与首尔市江南、江北的发展不均衡，韩国政府决定大刀阔斧地改变首尔江北地区的景观，因而展开了清溪川的重建工作。历时两年左右的工程，清溪川在 2005 年 10 月以崭新的面貌与世人见面，幅面不宽的水道两旁除了植满各式的树木之外，更可在溪道上看到不少匠心独运的设计，除了有韩国传统名画装饰成的壁画，还重现了古代居民的洗衣石与各式石桥，整条溪段在夜间更点缀以璀璨的灯光设计，让开发已久的江北地区多了一份浪漫气息与市民休憩的空间。

清溪川设计上分为两段，第一段为光化门到东大门运动场段，第二段为东大门运动场到上往十里段，每一段约需 3 小时的路程。观赏清溪川景致最佳的地方，是位于第一段起点的光化门附近，从 5 号线光化门站 5 号出口出来，往右直行 1 分钟即可看到清溪川起点的清溪广场喷水池，此处会不定时于周末举办各种市民活动。

另一个赏玩的好去处是东大门运动场，从 1 号出口出来后即为热闹的东大门购物区，步行约 10 分钟，穿过购物人潮后即可看到清溪川。因为清溪川第一段沿线周边的地铁交通便捷，若时间允许，到清溪川边散散步，不论白天夜晚都不失为欣赏首尔风光的好办法。

©MOOK 李欣怡摄

©MOOK 李欣怡摄

宗庙大祭 ©MOOK 李欣怡摄

宗庙
종묘

可从昌庆宫直通宗庙，或地铁 1、3、5 号线在钟路三街站的 1、2、4 号出口，徒步 4 分钟可达

3 月～10 月 9：00～18：00、11 月～次年 2 月 9：00～17：30

休 周二

$ 1000 韩元

宗庙是祭祀朝鲜王朝时代历代国王和王妃的地方，供有他们的神位，占地 18 万平方米，以正殿为主，包括永宁殿、典祀厅、功臣堂等。正殿是祭祀朝鲜王朝开创者李成桂为首的 19 代国王和王妃的地方，永宁殿则是祭祀其他国王、王妃和王族的地方。

宗庙至今仍保存完整的王朝仪式，在每年 5 月的第一个周日，李氏的后裔会在这里举办宗庙大祭，每位参加者都会穿着传统服饰，在庄严的雅乐中进行仪式。

历史悠久的宗庙大祭开放给游客参观，历时约两个小时的祭祀包括迎神礼、荐俎礼、初献礼、亚献礼、终献礼、饮福礼及望燎礼。主要分为迎神、进馔及送神三个过程。荐俎礼又称进馔，意指供奉祭物的程序，将食物依序放到神位前，再进行三献礼。初献礼原由国王任初献官，即是行敬第一杯酒的礼仪，亚献官由世子担任、终献官由领仪政执行。献礼结束后便是饮福礼，由初献官饮酒食，

韩国观光公社提供

代表接受祖先赐福。望燎礼是最后一个阶段，将祭礼上使用的祭文及冥币烧掉后，整个仪式结束，所有参与祭祀的人开始退场。

整个宗庙大祭过程可观赏到韩国传统的音乐演奏及舞蹈仪式，庄严肃穆的过程，循着唱颂者的歌声依次进行，从祭品到舞蹈都有一定的规矩。祭祀结束后，游客可以进入正殿内参观，幸运者还可见到王族的后代。宗庙已于1995 年列为世界文化遗产，而一年一度的宗庙大祭，更增添其珍贵之处。

韩国观光公社提供

©MOOK 李欣怡摄

昌德宫
창덕궁

- 首尔钟路区卧龙洞 2-71
- 中文导览每日 11：00、15：00 各一次
- 成人 3000 韩元、7 ~ 18 岁 1500 韩元
- 休 周一
- www.cdg.go.kr

昌德宫建于 1405 年朝鲜王朝第三代国王太宗时期，为景福宫的离宫。虽然在 1592 年的壬辰之乱时大部分宫殿付之一炬，但经过一番重建修缮后，昌德宫已恢复往日的风采。

随着地势搭建的昌德宫，总面积达 43 万平方米，古意盎然的宫殿建筑和传统造景的秘苑，都有说不出的韵味，为朝鲜王朝时代的宫殿中保存最为完好的一座宫殿，并于1997 年被列入世界文化遗产名录。

因为昌德宫的占地面积广大，为了保护这一世界文化遗产，同时也为了方便游客参观，昌德宫的导览一律采用导游制。有分中文、英文、韩文、日文的专人导览，游客只要看好想参加的导览安排，购票后在大门口集合即可。整个导览行程以敦化门为开端，然后到本殿的仁政殿、国王办公的宣政殿、国王和王妃寝室的大造殿，以及韩国园林景致之最的秘苑，行程约 2.5 公里，费时约 80 分钟。

©MOOK 庄明颖摄

← 敦化门

建于 1412 年的敦化门为昌德宫的正门，从分布图来看，此门并不位于正宫的正南方，而是偏于一角，这是因为在建立时就考虑整个地形的均衡感，所以建于现在的位置。今日所看到的敦化门，为 1607 年重新搭建的，是首尔仅存的木造二层门中最古老的一座。

左右两排为文武官碑©MOOK 李欣怡摄

宝座©MOOK 李欣怡摄

仁政殿

通过进善门走过一段石板路，再穿过肃章门即可来到仁政殿。仁政殿为举行国王的登基仪式、使臣进贡朝拜、接见外国使节及进行国家重要祭祀的地方。

位于仁政殿前方的仁政门采用八作屋顶的平三门形架构，为朝鲜王朝后期建筑的代表样式。

仁政殿则采用多重的入母屋造型，也就是从外观看好像是两层楼的建筑，实际上内部是一层的高天井建筑，内部可看到国王的宝座、日月屏及当时建筑装饰的模样。正殿的庭园处则可看到文武官碑。

©MOOK 庄明颖摄

宣政殿

宣政殿为国王接见文武百官、商讨国家大事的地方。它是韩国仅存的青瓦建筑，技巧上采用多包系形式的八作屋顶。古时国王就坐在中央处的日月屏前方，臣子则排成东西两列一同商讨国事。

©MOOK 庄明颖摄

熙政堂

熙政堂为国王的住所兼会议场所，建筑物前后两侧以回廊相连接，内部的装饰和家具则带有欧式色彩，颇具特色。

锦川桥

建于1411年的锦川桥为首尔最古老的石桥，底座以两个拱形桥洞相连接。

在桥墩下的南侧有海驼，北侧有海龟像，用来镇守南北方。在桥上方的栏杆上有龙头的雕刻像，有赶走疾病之意。为了让国王的军队顺畅通过，整个桥身非常宽敞。

大造殿

大造殿为王妃居住的地方，朝鲜王朝最后一位国王纯宗在1926年驾崩前就是在此安享晚年的。在大造殿的内部可观赏到王妃的房间，非常简朴，这是因为当时信守节约、安泰的原则。殿内外仍可看到受欧式风格影响的装饰物，殿外放置的4个青瓦盆有避邪的作用。

©MOOK 李欣怡摄

乐善斋

位于其他宫殿之外偏东侧的乐善斋，为服国丧时王妃、嫔、淑媛等后宫们居住的地方。

©MOOK 李欣怡摄

↑秘苑

提到昌德宫，令人印象深刻的非秘苑莫属。这是一座鸟语花香的庭园，寂静中有种说不出的美丽。踱步其间，遥想当年国王曾在此休憩、读书、宴会的模样，令人艳羡。

走过一条长廊，耸入云天的松柏和昌庆宫的围墙形成极美的景致，随后秘苑便近在咫尺了。这里种植了160种树木，松树、银杏、枫叶等随着季节的更迭改变颜色，这样的幽雅环境也成为众多韩剧中会出现的画面。

芙蓉亭是国王欣赏莲花的地方，莲花池为四方形，中间有一圆形造景，其中，四方表示天、圆表示地，有天地和谐之意。外观像莲花盛开的宇合楼是培养人才的园地，它的一楼是用来藏书和阅读的地方；二楼是宴会处。映花堂是赏花赋诗的地方，后来成为科举考试的考场。

秘苑一角的演庆堂和昌德宫的其他建筑截然不同，有别于一般宫殿的明艳色彩。这里以木头原色展现其简朴的建筑风格，原来这是为了让国王能够体会庶民生活而特别建造的民家建筑，别有一番意蕴。

景福宫
경복궁

- 搭乘地铁 3 号线景福宫下车，徒步 1 分钟可达
- 首尔钟路区世宗路 1 号
- (02)732-1931
- 3 月 ~ 10 月 9：00 ~ 18：00，11 月 ~ 次年 2 月 9：00 ~ 17：00
- 休 周二
- 3000 韩元

©MOOK 庄明颖摄

创建朝鲜王朝的始祖太祖李成桂，即位后建造了景福宫。壬辰之乱时，大部分建筑物付之一炬，沦为废墟，直至 1865 年才开始重建。

日本殖民统治时期，日军破坏了大部分建筑物，并在正殿勤政殿盖了一栋西式建筑物（即后来的国家中央博物馆），作为朝鲜总督府办公大楼。

1994 年，韩国政府开始对景福宫进行整修，直到今日工程仍在进行中。

©MOOK 庄明颖摄

©MOOK 庄明颖摄

↑光化门

景福宫正门的光化门，在日本殖民统治时期险被拆除，不过最后在民艺运动家的推动下才保留原貌，并于 1970 年进行了修缮。由于韩国早期深受汉文化和儒学影响，所以宫殿、寺庙的匾额题字都是以汉文书写。不过光化门是唯一的例外，它匾额上的题字为朴正熙总统亲笔写下的韩国文字。

©MOOK 庄明颖摄

©MOOK 庄明颖摄

庆会楼

位于四方池中的庆会楼，以 48 根花岗岩石柱支撑着，为韩国最大规模的楼阁。在壬辰之乱前，这 48 根石柱上都雕有活灵活现的龙像，不过战乱后重建的石柱上则没有了龙像。但在庆会楼的栏杆和石桥柱子上仍雕有各种野兽。

勤政殿

勤政殿是以前国王举行即位仪式或接见外国使臣的地方，景福宫的勤政殿为韩国现存最大的木造建筑物。从外观看像是分成上下两层，实际上里面是通透的一层建筑，内部的国王宝座和天井雕刻巧夺天工。

←↖千秋殿·思政殿·万春殿·交泰殿

从勤政殿往里走可以看到国王和臣子讨论学问的千秋殿，国王处理日常政务的思政殿和思政殿的附属机构万春殿。在万春殿东面放置的测时器，即是当年世宗所创造的日星定时仪中的一个。交泰殿为王妃的寝宫。

©MOOK 庄明颖摄

昌庆宫
창경궁

9：00 ~ 18：00（11月~次年2月到17：30）
1000韩元
周二

昌庆宫建于1419年，是朝鲜王朝第四代国王世宗为先王太宗所盖的王宫，当时称为寿康宫。后来不断扩建宫阙，并改名为“昌庆宫”。

壬辰之乱时，昌庆宫大部分被毁，之后不断重建，才有今日的规模。唯有正殿的明政殿保存了从1616年重建后的模样。整座宫殿坐西朝东，有别于朝鲜王朝宫阙坐南朝北的模式。

©MOOK 庄明颖摄

曹溪寺

조계사

搭乘地铁 1 号线钟阁站下车，徒步 5 分钟即到

©MOOK 庄明颖摄

曹溪寺是首尔市民和信徒进香的主要地点，为韩国佛教最大宗派大韩佛教曹溪宗的寺院，寺内的大雄宝殿已被定为国家文化遗产。

大雄殿佛堂内部供奉着释迦牟尼佛，两旁有五百罗汉和菩萨画像。后面的德王殿，供有阿弥陀佛、地藏菩萨、观音菩萨、普贤菩萨等众神像，是众生的祈福之地。

寺内的文化教育会馆，是信徒布道、讲解佛经及修炼的场所。

©MOOK 庄明颖摄

©MOOK 庄明颖摄

国家民俗博物馆
국거민속박물관

地铁3号线景福宫站5号出口，徒步5分钟即到
9：00～18：00，5月～8月的周六、周日、法定假日9：00～19：00、11月～次年2月9：00～17：00
休 周二及1月1日
3000韩元
www.nfm.go.kr

©MOOK 庄明颖摄

©MOOK 庄明颖摄

国家民俗博物馆的外观为韩国传统的木塔建筑，馆内分为三个展室，以韩国传统生活文化为主题，涵盖建筑、服饰、农耕、信仰等各方面，是一个可以全面了解韩国民族文化传统的场所。

©MOOK 庄明颖摄

青瓦台
청와대

地铁3号线景福宫站5号出口，徒步10分钟即到

©MOOK 庄明颖摄

青瓦台为韩国总统官邸，因建筑物屋檐为青色，因而称“青瓦台”。在金泳三执政前，这一区域是全面警戒区，不许一般人进入。现在每周二至周六开放部分区域供游客参观，每天最多接待2500人。

参观路线包括春秋馆、迎宾馆、本馆、孝子洞舍廊房等，全程约50分钟。在指定场所才可以拍照。

世宗文化会馆
세종문화회관

地铁 5 号线光化门站 1 号出口，徒步 2 分钟即到
钟路区世宗路 81-3
(02)399-1111

韩国市面上最常见到的雕像是世宗和民族英雄李舜臣将军的雕像。朝鲜王朝第四代国王世宗，创造了韩国文字，建立了宫中制度和宫廷音乐，倡导科学技术，致力于发展韩国文化，是韩国历史上最贤能的君王之一。在韩国的大街小巷，建筑物上随处可见他的塑像。

世宗文化馆是韩国最大的国际表演厅、会议场所和展示厅，许多表演活动都在此地举行。会馆以花岗岩建成，是世宗路上醒目的地标。

©MOOK 庄明颖摄

乱打
NANTA

地铁 5 号线西大门站 5 号出口，徒步 2 分钟即到
周一～周五 16：00、20：00，周六 13：00、16：00、20：00，。
周日及假日 15：00、18：00（表演时间请以网站公布的时间为准）。
VIP6 万韩元、S 席 5 万韩元、A 席 4 万韩元
www.nanta.co.kr（中、英、韩语，可线上预约）

不需要听得懂韩文，也不需对艺术有特别的涵养，“乱打”的表演就是有办法让来自世界各国的游客轻松融入剧中。

“乱打”是以宴会场的厨房为主要场景，3 位厨师临危受命，在 1 小时内完成全套料理。

幽默的情节，喜剧的效果，演员灵活地运用厨房用具，敲打锅碗瓢盆演奏出精彩的打击乐曲。没有对话，全靠打击乐的效果和演员的肢体语言呈现剧情，成功地把韩国传统打击乐与现代表演艺术相结合，打破了国界与语言藩篱，纯粹靠表演艺术相互沟通。

©MOOK

东大门市场·南大门市场

동대문시장 ·남대문시장

东大门市场、南大门市场并称为首尔两大市场，东大门市场卖的是流行成衣，南大门市场卖的是南北杂货。

东大门又称兴仁之门，门楼中间的拱形门由花岗岩建成，建筑模式与崇礼门（南大门）相似，不过在门楼外又建有半圆形的瓮城。

南大门又称崇礼门，它是朝鲜王朝李成桂时代所建立的城门。建成于1398年的南大门，几经战乱却安然无恙，是唯一一座在壬辰之乱时没有遭到破坏的朝鲜王朝初期的建筑物。它威风凛凛的模样，是首尔的地标之一。夜晚南大门华灯璀璨，更为首尔的夜晚增添了几分柔媚。

东大门市场、南大门市场不论在何时造访总是人声鼎沸，揽客声、杀价声……将这两个区域营造得热闹非凡。

©MOOK 庄明颖摄

©MOOK 庄明颖摄

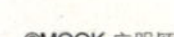

©MOOK 庄明颖摄

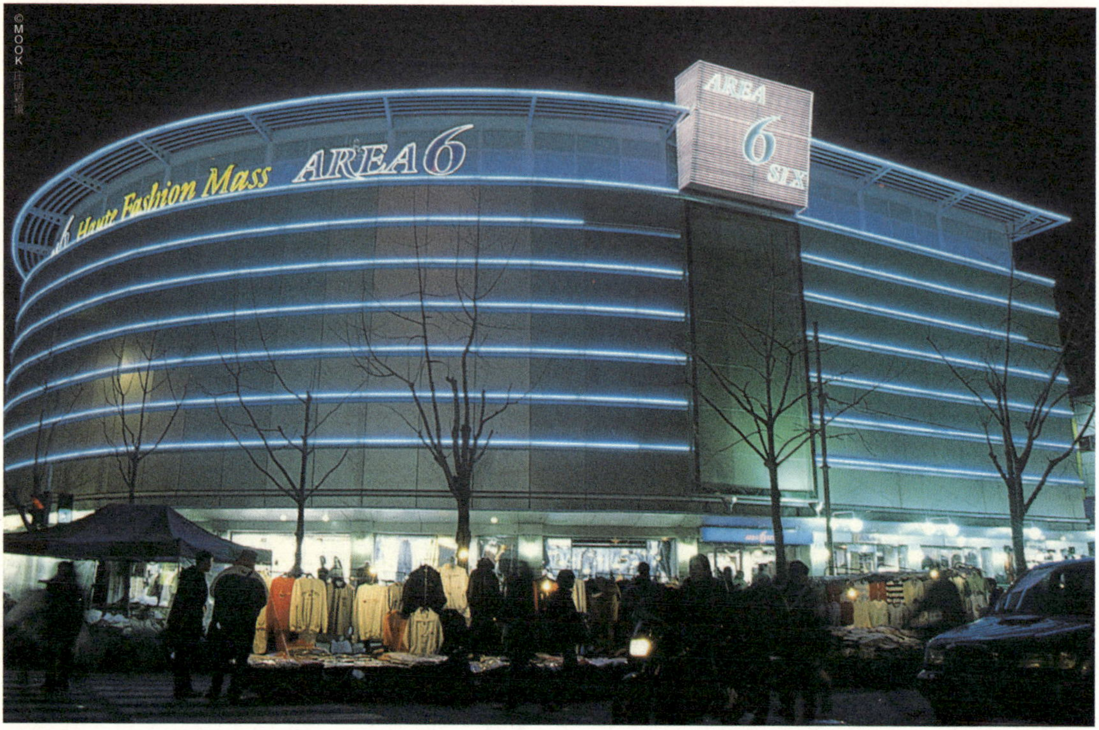

©MOOK 庄明景摄

实用信息

如何前往

前往东大门可搭乘地铁 2 号线在东大门运动场站下车，或搭乘地铁 1、4 号线在东大门站下车；前往南大门可搭乘地铁 4 号线在会贤站下车，再步行前往。

区内交通

可步行参观。

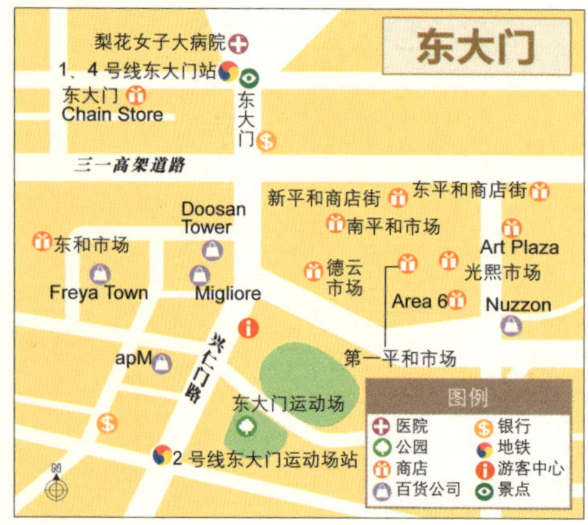

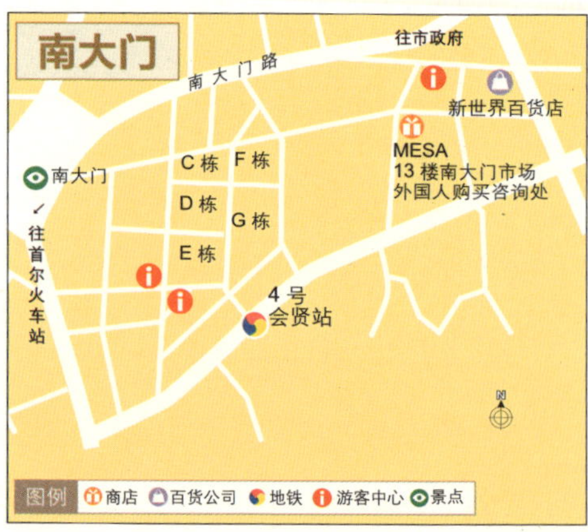

©MOOK 庄明颖摄

©MOOK 庄明颖摄

东大门市场
동대문시장

P.108 东大门

地铁 2 号线在东大门运动场站下车，或地铁 1、4 号线在东大门站下车

0：00 ~ 24：00

www.dongdaemun.com

东大门市场包括东大门综合商场、平和市场、广藏市场、鞋子市场等，是韩国最大的市场聚集区。

近年来东大门市场周边建造了许多购物大楼，是购物者的天堂。一般首尔百货公司营业到晚上七点半，通宵营业的东大门市场就成了不夜城。

商场多、商品种类齐全、价格便宜，是这里人潮络绎不绝的原因。一般东大门市场的商品价格比其他地方要低二三成，但还可以杀价，也算是购物时的一种乐趣吧。

不过，这些商家多半只收现金，好在每家商场都设有银行提款机。

1. 饮食夜市有各色韩国小吃，令人垂涎。

2. 低价。购物大楼以批发为主，营业时间从晚上直到第二天早上。

3. 斗山塔旁的平安市场（22：00 ~次日 12：00）以卖儿童、妇女服装为主。

4. 兴仁商场以卖内衣和休闲服为主。

5. 鞋子市场为鞋类批发地。

6. 东大门综合市场（8：00 ~ 18：00）以卖厨房生活用品为主。

7. 东大门市场（6：00 ~ 18：00）有销售厨房用品、登山用品、寝具、衣服等生活用品商店。

8. 这一区服饰摊贩很多。

©MOOK 庄明颖摄

©MOOK 庄明颖摄

南大门市场
남대문시장

P.108 南大门
0：00～24：00
地铁 4 号线会贤站，徒步 3 分钟即到
www.namdaemunmarket.co.kr

南大门市场以市场中央的 C、D、E、F、G 五栋购物大楼为主，周围遍布各种摊贩。既然是市场，自然可以和商家杀个好价钱，不过别被低价冲昏头，记住货比三家，并且确认商品没有瑕疵。

南大门市场 24 小时营业，但每家店铺的打烊时间都不一样。凌晨是批发商补充货源的时间，10 点左右就成了当地主妇和游客的天下，这种情况一直延续到晚上六七点。入夜，小吃摊又会拉开南大门市场夜生活的序幕。

1. 有许多韩国人参专卖店。除了人参，韩国海苔等土特产品在这里也较多。

2. 聚集了新鲜的水果和蔬菜，是韩国家庭主妇采购新鲜食品的场所。

3. 这里的饮食区是韩国小吃最集中的地方。

4. 皮质商品区拥有多种多样的皮包和背包。

5. 韩国眼镜非常便宜，所以配个眼镜或是买个镜框都是物超所值。除了明洞，这里也有很多价格便宜的眼镜可供选择。

6. 想买登山相关用品的话，这里登山鞋、登山背包等商品一应俱全。

©MOOK 庄明颖摄

©MOOK 庄明颖摄

梨花女子大学

이화 여자 대학교

梨花女子大学是韩国著名的女子学校，成立于1886年，“梨花”两字是王妃闵妃所赐，意为“成为优秀人才”之意。

在梨大周围的街道全都是女大学生们最爱的服饰店、彩妆店、文具店、包包店，以及甜点、咖啡屋，形成有名的购物商业圈。沿着游客服务中心前的大街和与其平行的大路，经过梨花女子大学门前，再转向通往地铁站出口的大道，这三条主要道路是最精华的逛街路线，所有韩国当地知名的品牌都集中在这里。至于小巷里弄的店家，则是超廉价成衣、饰品和包包店的聚集地，无论怎么走怎么逛，都可以遇见卖便宜商品的小店。

邻近的景点是著名的世界杯足球场，这里曾在2002年成功地举办了世界杯足球赛，足球场内还有一座大型的购物中心，在周围即是由垃圾掩埋场改建的世界杯公园，也非常值得一游。

实用信息

如何前往

●地铁

搭乘地铁 2 号线在梨大站下车即可，主要的购物街从 1 或 2 号出口都可到达。

区内交通

可步行参观。

行程安排

逛梨花女子大学附近的购物区，大概需要 3 个小时，梨大地区有许多餐厅与连锁咖啡厅，所以一天之中的任何时间都适合在这里逛街，背包客可以弹性调整在这里的购物时间。

©MOOK 李美玲摄

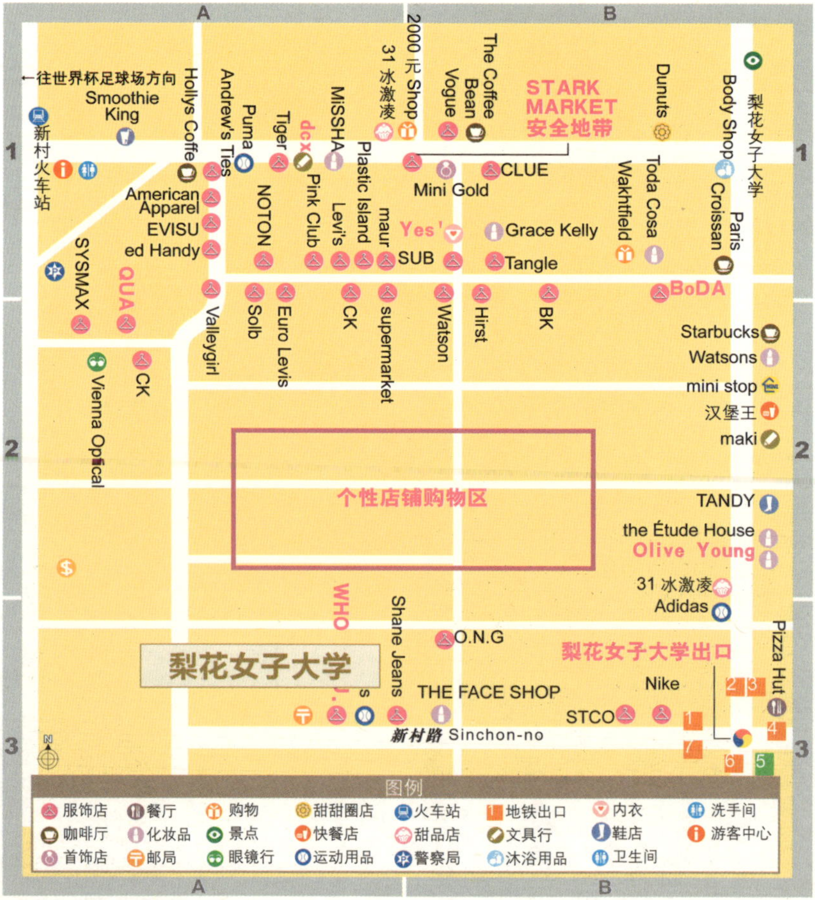

←往世界杯足球场方向
Smoothie King
新村火车站
Hollys Coffee
Andrew's Ties
Puma
Tiger
dcx
MISSHA
31 冰激凌
2000 元 Shop
Vogue
The Coffee Bean
STARK MARKET 安全地带
Dunuts
Body Shop
梨花女子大学
American Apparel
EVISU
ed Handy
NOTON
Pink Club
Levi's
Plastic Island
maur
Mini Gold
Yes'
SUB
CLUE
Grace Kelly
Tangle
Wakhtfield
Toda Cosa
Croissan
Paris
SYSMAX
QUA
Valleygirl
Solb
Euro Levis
CK
supermarket
Watson
Hirst
BK
BoDA
Starbucks
Watsons
mini stop
汉堡王
maki
CK
Vienna Optical
个性店铺购物区
TANDY
the Étude House
Olive Young
31 冰激凌
Adidas
WHO
Shane Jeans
O.N.G
梨花女子大学
梨花女子大学出口
Pizza Hut
Nike
THE FACE SHOP
STCO
新村路 Sinchon-no

图例
服饰店 餐厅 购物 甜甜圈店 火车站 地铁出口 内衣 洗手间
咖啡厅 化妆品 景点 快餐店 甜品店 文具行 鞋店 游客中心
首饰店 邮局 眼镜行 运动用品 警察局 沐浴用品 卫生间

Yes!

P.114B1
(02)738-4102
10：00 ~ 22：00
每套 2.3 万 ~ 3.3 万韩元起

©MOOK 李美玲摄

在Yes！的橱窗里，内衣化身为缤纷的花朵和云彩，异常醒目地吸引过路人的目光。走进店里，内衣鲜艳的色彩和舒适的面料，让人真的忍不住大喊“Yes！这就是我要的。”

Yes！在韩国共有 122 间连锁店，不仅出售女性内衣、睡衣，也有男性内裤，图案都是一样的活泼鲜明。

内衣的品质讲求舒适感，Yes! 每个月会推出两三种新款，尺寸为 70A ~ 85B，裤子尺码 95 ~ 100cm，把它们当做居家休闲服，也是很适合的。

©MOOK 李美玲摄

WHO A. U.

P.114A3
(02)335-1849
11：00 ~ 22：30
T恤 9800~2 万韩元、衬衫 3 万 ~ 7 万韩元、裤子 2 万 ~ 7 万韩元
www.whoau.com

©MOOK 李美玲摄

WHO A. U. 的 LOGO 强调自我，有着很强的美式休闲风格。进到店里，恍如置身美国加州海滩，棕榈树、扶桑花、比基尼、热裤等，洋溢着度假的悠闲自在。虽是美式风格的服饰，但你一定想不到，WHO A. U. 可是地道的韩国品牌，并且成功地将产品销往国外。

WHO A. U. 在韩国的直营店有 22 家，是最先将大卖场的概念付诸实施的店家。它锁定 18 ~ 23 岁的青年人，让他们穿得既舒适又时尚。时下年轻人不可或缺的牛仔装、工作裤、印花图案 T 恤，在 WHO A. U. 的设计师手中，能够变化出不同的款式。

©MOOK 李美玲摄

©MOOK 李美玲摄

STAR MARKET 安全地带

P.114B1
(02)364-7602
10：00 ~ 22：00
鞋子 9800 韩元起、T 恤 2800 ~ 4800 韩元起

STAR MARKET 就像是个热闹的服装市场，偌大的店铺里灯光昏黄，播放着快节奏的舞曲。时下最流行的 T 恤、衬衫、裤子、裙子、鞋子、皮带、首饰、包包、帽子，塞满了货架和柜台，加上不定时推出的特卖花车，让店里总是挤满了淘宝的人。想要购买价格便宜的服装，就往人多的地方去。

©MOOK 李美玲摄

©MOOK 李美玲摄

©MOOK 李美玲摄

Olive Young

P.114B2
(02)325-5290
8：00 ~ 22：30
水果面膜 1500 韩元、VOV 洗面乳特价 3300 韩元、Etude 唇蜜 3800 韩元
www.oliveyoung.co.kr

梨花女子大学附近不乏各大彩妆店，如 MiS-HHA、The Face Shop、Toda Cosa 等，不过这家二楼设有休息室的 Olive Young，才是梨大女生们经常光顾的地方。

Olive Young 结合美容和健康的理念，除了出售护肤品和彩妆外，还有健康食品、养生饮料及日常药品的专柜，让前来的爱美女性都能吃得好、过得好。

最特别的是，这家店的二楼提供了贴心的休憩场所，逛累了可以坐在舒适的沙发上歇歇脚，免费看杂志和上网，还有各式各样的按摩器可以试用，休息好了可以继续到楼下购物。

楼上还设有试用区，各种彩妆一应俱全。在这里可以慢慢地玩彩妆游戏，或者尝试一下彩绘指甲。修指甲加按摩、指甲彩绘，只要 1 万 ~ 1.2 万韩元。Olive Young 在韩国共有 14 家连锁店，但只有梨花女子大学这家店拥有指甲沙龙。店里会不定期推出促销商品，以低价取胜，如果是外国人光顾，还可以享受九折优惠。

©MOOK 李美玲摄

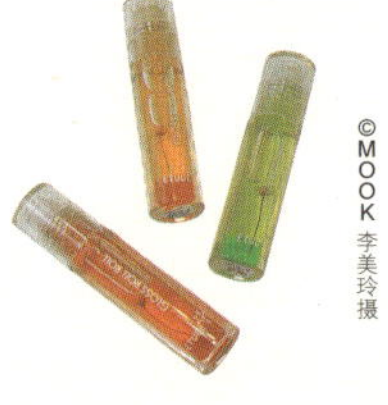

©MOOK 李美玲摄

©MOOK 李美玲摄

©MOOK 李美玲摄

BoDA

P.114B1
(02)312-9852
11：00 ~ 22：00
照片夹2000韩元、手绘笔记本3800~5000韩元、生日小熊吊饰3900韩元
www.boda.co.kr

©MOOK 李美玲摄

BoDA的店面着实可爱，开满了小花的桃红色墙壁，远远地就在向人招手。根据梨大女生喜爱可爱小物件的特点，年轻的老板自己进货，卖的文具和摆饰，有韩国产品，也有从国外进口的。

放在玻璃缸里看着像彩色水果糖的东西，竟然是相框。还有艺术家手工画的笔记本，每本都是独一无二的。摆在店门口的生日小熊吊饰，每个都不一样，是送礼的最佳选择。

每次进的货量少样多，不定时会将存货拍卖，有机会来逛时，可要仔细淘宝一番。

©MOOK 李美玲摄

©MOOK 李美玲摄

©MOOK 李美玲摄

dcx

P.114A1
(02)312-1833
10：00 ~ 22：30
Qum 帽子 2.3 万 ~ 2.8 万韩元
www.dcx.co.kr

©MOOK 李美玲摄

dcx 是 “design complex” 的简称，卖场十分明亮，出售文具、厨房和生活用品等。追随着日本杂货的潮流，韩国也有许多自创品牌的文具、手绘 T 恤、手工首饰，创意十足，经常让人看得目不转睛。

dcx 在韩国共有 7 家店，其中 6 家店在首尔，除了卖韩国商品，也有从各国进口的商品，如 IKEA 的家具。梨大的店面在 2005 年 2 月开业，其中韩国品牌 Qum 帽子是店内的人气商品。

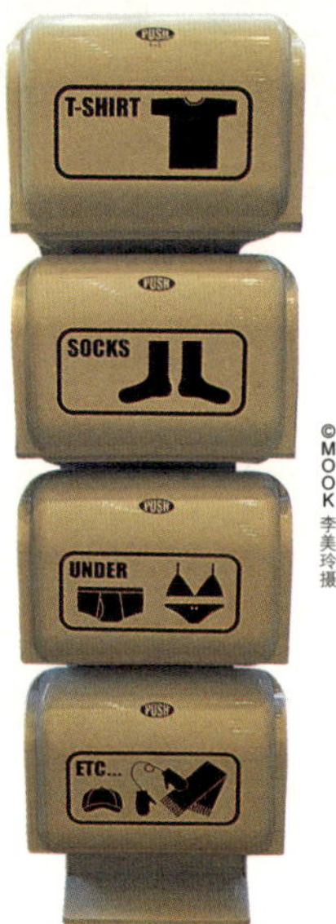

©MOOK 李美玲摄

店里的商品大多兼具创意造型和实用性能，像温暖的抱枕做成猪、狮子、鳄鱼等，形状可爱。

各种材质的拖鞋、复古床头时钟、宠物的饲料盒、公文包、围裙、果冻相机、可以分门别类收纳衣服的柜子、造型蜡烛、浴帘、动物造型杯组……仔细逛逛，常有令人会心一笑的发现。

©MOOK 李美玲摄

QUA

P.114A2
(02)362-0336
11：00 ~ 22：00
T 恤 1.9 万韩元起、冬季皮衣约 20 万 ~40 万韩元
www.qua.co.kr

©MOOK 李美玲摄

QUA 是领导潮流的代名词，时下最流行的服饰元素都可以在 QUA 上体现。

它结合了女性柔美与潇洒的特质，配以鲜艳的色彩，充分展现随性自在的女性风格。

它除了衣服，还有皮带、皮包等产品。这家位于梨大的 QUA，自 2005 年开始，每月推出不同的满额赠品，从睫毛膏到皮包，月月不同。而 QUA 的消费群体锁定在

©MOOK 李美玲摄

16 ~ 25 岁的女孩，除了出版流行刊物教她们如何搭配服装外，更举办街头穿着 QUA 的比赛，制造时尚话题。

©MOOK 李美玲摄

梨花女子大学
이화여자대학교

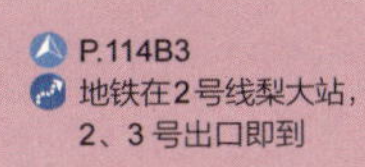
P.114B3
地铁在2号线梨大站，2、3号出口即到

©MOOK 李美玲摄

还记得电影《我的野蛮女友》里那个既美丽又会弹钢琴的野蛮女生吗？剧中女主角就是梨花女子大学的学生。这所韩国一流的女子大学和延世大学一样由美国传教士创办，成立于 1886 年。

“梨花”之名是当时韩国王妃所赐的名字，在韩文中有“成为优秀人才”之意。女校周边聚集了各式服饰店、饰品店，形成一个女生专属的购物商业圈。

©MOOK 庄明颖摄

©MOOK 李美玲摄

世界杯足球场
월드컵경기장

地铁 6 号线世界杯体育场站 1 号出口
9：00 ~ 18：00

说起 2002 年轰动全球的世界赛事，莫过于韩、日共同举办的世界杯足球赛。这不仅是世界杯足球赛第一次在亚洲举行，也是前所未有的两国合办这一赛事，所以其意义是非凡的。

韩国为世界杯足球赛在首尔所兴建的球场，是世足赛举行开幕式的地方，耗资 2 千亿韩元兴建，可容纳 6 万多名观众的球场，从上方往下俯瞰像是一架四角盾形的风筝，兼具传统与现代感的设计，使这里成为首尔人骄傲的地标性建筑。

观众入口处现在布置成 2002 年世界杯足球赛的纪念走廊，大展板展示了最后八强的比赛花絮、相关报道等。还有韩国国家代表队的队员介绍、全队球员签名球以及教练希丁克专区等。另有纪念品商店出售世界杯比赛的纪念商品。

©MOOK 庄明颖摄

©MOOK 庄明颖摄

©MOOK 庄明颖摄

狎鸥亭

압구정

狎鸥亭位于江南区，比起首尔其他地区算是发展较快的一个区，为现代化首尔的代表。这里拥有许多高级办公大楼、顶级餐厅、购物大楼，好比北京的国贸一带。

走进狎鸥亭，从建筑物、橱窗设计、商品到行人衣着，都显得高雅、时尚。和其他地方相比，这里的人远少于别的商业圈，使得这里多了几分自在的幽静，以至于许多韩国明星经常出没这里的餐厅和咖啡馆。

狎鸥亭区以岛山公园为中心，四周环布着高级住宅区及设计师的个人工作室。岛山公园是为纪念对于教育有卓越贡献的岛山先生而建的，1973 年落成的公园内有岛山的墓、雕像及纪念馆，园内绿意盎然，分外宁静。

建议你环绕着岛山公园，来一次城市建筑漫步之旅，每个角落都会让你的眼前一亮，也许只是一处个人的住宅，也许是商店，更可能是餐厅或 Pub 的外观，或仅仅是窗户的角度、墙壁的颜色、落地窗的挡板，而这些各具特色的建筑不经意间就会令你欣赏到它们的不同风韵。

©MOOK 李美玲摄

如何前往

●地铁

从 3 号线狎鸥亭站 2 号出口出来后，往罗德奥时装街（Rodeo Street）方向走，约 15 分钟后可抵达购物街。

©MOOK 李美玲摄

住宿

狎鸥亭附近的住宿较贵，除了 Motel 之外，也没有太多的选择，因此建议在其他景点附近寻找。

行程安排

建议从罗迪奥时装街开始逛起，除了可以尽情购物之外，狎鸥亭更有许多充满惊喜的小巷，可以看到许多充满时尚感的咖啡厅与餐厅。

一到夜间，咖啡美学附近区域更是许多高档餐厅的聚集地，可以见识到与汉江以北地区不一样的夜间风情。

CAFFÉ PASCUCCI

P.123 罗德奥时装街
(02)3445-3725
9：00 ~ 23：40
卡布奇诺咖啡 4000 韩元、咖啡杯 1.3 万韩元 / 个

©MOOK 李美玲摄

这家拥有 16 家分店的连锁咖啡店，卖的是改良式的、融合韩国口味的意式咖啡，因韩剧《天国的阶梯》在此取景而名声大振。当初拍片的窗口座位，更是经常出现来自中国、日本的影迷驻足观赏，拍照留念。

《天国的阶梯》剧组就是看上以红、白、黑为主色调的空间，而选在此地拍摄的。

来到这家拥有三层楼高的咖啡厅，可以品尝香醇的意式咖啡，CAFFÉ PASCUCCI 推出的一红一白马克对杯，因广告片里的情侣互相在杯子上写名字送给对方而红极一时，经常是一杯难求。

©MOOK 李美玲摄

Neeun

P.123 罗德奥时装街
(02)517-6171
12：00 ~ 23：00
韩文字银饰品 3 万韩元起、韩文字白金饰品 9 万韩元起
www.neeun.com

Neeun 以韩文的发音符号“L”作为品牌名称，它的特别之处是项链、戒指等都是一系列的韩国文字造型。材质有银、金和白金，中性化且充满时尚感的设计，男女皆宜，因此吸引了许多外国顾客，尤其是日本游客的光顾。这些商品也是韩国明星喜欢佩戴的饰品。

这家由韩国设计师发展的品牌，连店面窗框的设计都充满着“L”的元素。以飞翔的蝴蝶作为 LOGO，效法花与自然的柔美与融合，这样的理念也融入空间的设计中，天花板上荧光透明的蝴蝶图案，营造出与自然和谐之美的氛围。

设计师毕业于弘益大学金属工艺科，除了韩国文字系列的饰品，还设计了正六面形镂空的 cube sign 系列，强调留白的美感，设计感十足，是店内的人气商品。

©MOOK 李美玲摄

©MOOK 李美玲摄

©MOOK 李美玲摄

Zu

P.123 狎鸥亭 B1
(02)540-4580
11：00 ~ 22：00
铁皮米老鼠 18 万韩元、外星人电子钟（大）1.9 万韩元、（小）1.8 万韩元、皮狗 2.2 万韩元
www.designzu.com

©MOOK 李美玲摄

©MOOK 李美玲摄

Zu 店里 90% 是从欧洲、日本进口的家居饰品，大到古董时钟、沙发椅，小到各类摆饰、手工音乐盒。Zu 精选的商品，大多幽默感十足，只要是有趣且独创的商品，比如拥有 9 个立面的时钟、手套沙发、透明灯罩，或是各种奇形怪状的设计产品，都会被摆在店内销售。店面布置得像个藏宝库，每个角落都有惊喜等待着被顾客发掘。

©MOOK 李美玲摄

©MOOK 李美玲摄

Design Studio

P.123 狎鸥亭 A2
11：00 ~ 20：00
手机吊饰、彩绘锅垫约 USD12 ~ USD20、灯饰 30 万韩元、椅子 25 万韩元
www.chongchong.com

在艺术家李钟明（Lee Chong Myung）的巧手布置下，以手工彩绘的木制家具为主角，搭配抢眼的配色、花朵装饰的壁面、绚丽的灯饰作为点缀，营造出既温暖又时尚的空间。

学生时代就读弘益大学家具设计科的李钟明能够将橱柜、小摆饰、板凳、桌椅、烛台、门帘、把手，甚至是实用锅垫等，经过彩绘，变幻为色彩缤纷的精美艺术品。

灯饰是店里另一个吸引人的商品，以贝壳、羽毛、人造花、水晶、串珠等创作的灯饰，繁复又华丽，在灯光映照下，浪漫氛围让人舍不得转移目光。

年过 40 的他自信满满，充满巧思的设计能够让他创作出犹如女孩般纤细柔美的家具。

他的产品已成功行销到海外，不仅韩国知名饭店将其创作的手机吊饰采购来出售，他还到上海、纽约、中国香港、东京举办展览。

©MOOK 李美玲摄

©MOOK 李美玲摄

©MOOK 李美玲摄

咖啡美学

커피미학

P.123 狎鸥亭 C2

搭乘地铁 7 号线在清潭站下车，徒步 5 分钟即到

平日 10：00 ~ 24：00、周末 10：00 ~ 23：30，最后点餐时间为饮料 23：00、餐点 22：30

美学 BLEND COFFEE 8000 韩元起

据说韩国人最早是不识咖啡的味道的。来自日本的店主在清潭洞开了一家咖啡美学店，并将咖啡的美味介绍给了韩国人。

外观看似传统韩国的豪宅，顺着庭院拾阶而上，可见欧式风格的屋舍。高天井的屋檐，屋里的深棕色木桌、黑色椅，搭配昏黄的灯光及木窗，耳畔是悠扬的钢琴声、水流声，高雅温馨的气息弥漫在空气里。推窗即可见屋外的花园，冬季可见皑皑雪景，夏季可赏绿草茵茵,分外清静。

店家的咖啡以“☆”符号的数量多少来表示咖啡的浓度，顾客可以根据自己的口味选择。有着浓郁咖啡香的“美学 BLEND COFFEE”是该店的招牌咖啡，推荐享用。

©MOOK 单汝诚摄

©MOOK 单汝诚摄

©MOOK 单汝诚摄

©MOOK 单汝诚摄

Music Library

P.123 罗德奥时装街
(02)511-0025
10：30 ~ 22：45
CD1.19万~ 1.6万韩元

©MOOK 李美玲摄

喜欢韩国流行歌曲吗？那你一定要到这家以“音乐图书馆”为名的唱片行走一趟。举凡现在韩国流行的偶像歌手的专辑，或是各国的流行音乐，在这里都可以一网打尽。

©MOOK 李美玲摄

©MOOK 李美玲摄

the AMORE gallery

P.123 罗德奥时装街
(02)3448-5631
11：00 ~ 21：00
订制眼影、口红各5万韩元，订制基础粉饼10万韩元
gallery.amorepacific. co.kr

©MOOK 李美玲摄

由法国建筑师Jean-Michel Wilmotte设计的空间，时尚、简约又带着低调的奢华，明亮宽敞如艺廊般的空间，展示着爱茉莉太平洋（Amore Pacific）旗下的化妆品品牌：雪花秀、Laneige、Hern、IOPE和Etude的全系列商品，供顾客自由试用，一旁有专业人员提供咨询与建议。

爱茉莉太平洋是韩国化妆品的第一品牌，1945年创立于首尔，旗下共有10个化妆品品牌。各个品牌的商品针对不同年龄层的人群而设计，像保湿性强的雪花秀，适合40 ~ 50岁的妇女；以抗皱、美白功效著称的IOPE，锁定30 ~ 40岁的上班族；在中国具有高知名度的Laneige，适用年龄为25岁的女性；以彩妆著称的Etude，向来是年轻女孩们的最爱。

同时更请到当红韩星作为代言人，像 Laneige 彩妆的部分由全智贤代言、保养品部分由李娜英代言，IOPE 由李英爱代言，Etude 则由宋慧乔代言。

在 the AMORE gallery，还可体验到高级订制彩妆的魅力。上到二楼，一间间圆弧形的小包厢一字排开，在这里会有美容师为你测试肌肤的状况，然后依据你个人喜欢的颜色和香气，来调配最能凸显你个人特质的彩妆用品。从口红、粉底、眼影到腮红，都可以是个人专属的。

这样量身定做的服务必须事先预约。每样彩妆经过 40 分钟至 1.5 个小时的测试，像唇膏需要 40 ~ 50 分钟，粉底就需要一个多小时。测试完毕马上可以拿到约一星期用量的试用品，真正提供给你的产品要经过实验室严密地检验，一星期后寄到你的手中。

©MOOK 李美玲摄

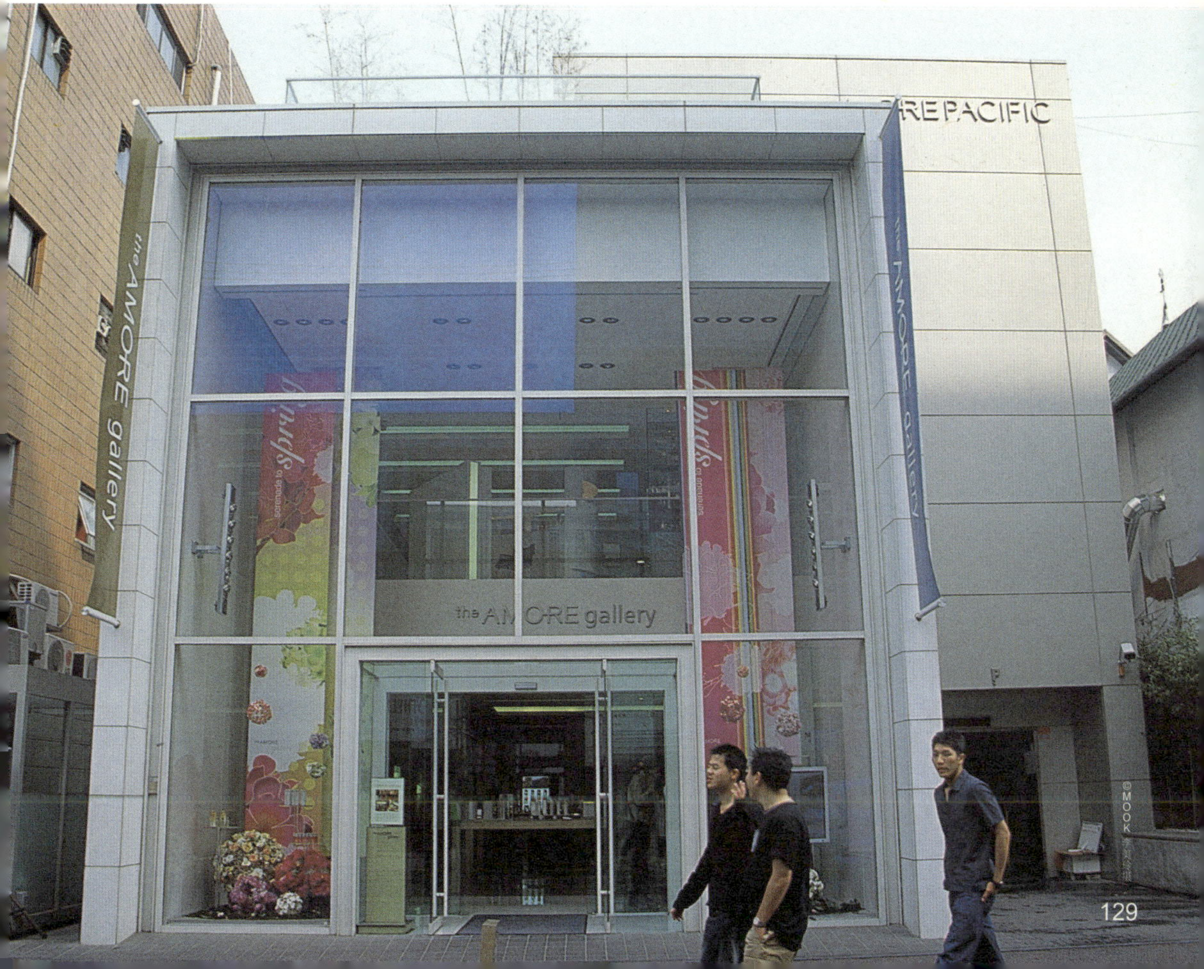

朴大人烧肉店
박대감네

P.123 狎鸥亭 C2
搭乘地铁 7 号线在清潭站下车，徒步可达
(02)545-7708
24 小时营业
牛花肉 4 万韩元 / 份、安昌肉 4 万韩元 / 份

这家 24 小时营业的烧烤店因韩国明星裴勇俊而出名，因为裴勇俊最爱吃这里的烧肉，这里经常挤满了慕名而来的日本游客。

裴勇俊每次来都会坐固定的位置，就是进门后柜台旁边左手第一桌。也正因为如此，老板特地将裴勇俊在店里的留影签名照大量冲洗，送给来店里用餐的客人。

放眼店内，挂满了演艺明星的照片，除了裴勇俊，李秉宪、权相宇、李英爱、张东健、全智贤也是店中的常客。

名人光顾主要是因为这里的牛肉品质有口皆碑。开店 7 年，使用的是韩国最好的全罗道咸平牛肉，而裴勇俊最爱吃的牛花肉，则是牛肉中的顶级品，尝起来香软而不油腻，难怪能吸引裴勇俊的胃口。

这里还有另一道尝起来嚼劲十足的美味——安昌肉（Inside Part of Rib Sirloin 上等肋排肉），一头牛中只有 1 公斤这样的肉，可说是珍贵至极。

©MOOK 李美玲摄

©MOOK 李美玲摄

Café Mazia

P.123 狎鸥亭 C2
(02)515-6545
11：00 ~ 24：00
咖啡 8000 ~ 1 万韩元、茶 9500 韩元起、蛋糕 5500 韩元、夏季限定绿茶红豆牛奶冰 1.3 万韩元

©MOOK 李美玲摄

Café Mazia 原是一处私人住宅，保留了原有的住宅格局，私密的小花园和温馨十足的空间，成为艺人们的最爱，像李秉宪、裴勇俊等都是座上常客。

Café Mazia 虽有两层楼，但只有不到 30 个座位，每个座位都给人极强的神秘感，尤其是楼上的房间，经常是作为艺人接受媒体采访的地方。

©MOOK 李美玲摄

©MOOK 李美玲摄

店内最有名的是手工做的蛋糕，总共有 7 种口味，由店主亲手烘焙，口感绵密细腻，经常供不应求。

夏季最受欢迎的是绿茶红豆牛奶冰，以手工精雕的玫瑰花状刨冰，淋上绿茶，碗底是牛奶和绵密的红豆，吃起来甜蜜中带着清爽，让人暑气全消。

©MOOK 李美玲摄

happy Co.

P.123 罗德奥时装街
(02)512-3064
10：00 ~ 23：00
手表 4.48 万韩元，相框、布偶 1.48 万韩元
www.happynco.com

©MOOK 庄明颖摄

这样可爱的小店在狎鸥亭算是少数了，鲜艳的用色，简单几笔绘出的夸张图样，光看店面展示就令人愉快。

这家源自欧洲品牌的生活用品店，从抱枕、床单、布偶、手机套到相框、钥匙圈等生活用品一应俱全，商品明亮的色调，不论是小朋友还是大人都爱不释手。

©MOOK 庄明颖摄

©MOOK 庄明颖摄

首尔近郊

서울근교

环绕着韩国首都首尔的京畿道，是韩国重要的经济和文化中心。发达的交通网络和各具特色的景点，让首尔近郊的京畿道，成了著名的观光胜地。

从首尔出发不过一两个小时的车程，就可以体验到仁川的陶艺文化，仁川昔日因邻近官窑指定地而发展迅猛，有许多技艺卓越的陶瓷师傅纷纷在此聚集而使仁川逐渐发展成为陶艺文化的中心。

喜欢韩剧的人，不妨参观扬州著名的《大长今》片厂。这里不但重现了朝鲜王朝时代的原貌，而且留下来的剧照及道具让人可以亲身感受剧中的情境。热闹、占地辽阔的爱宝乐园、世界文化遗产水原华城，无论是传统文化还是现代的主题乐园，都是不可错过的好去处。

首尔市区是游人购物的好去处，到首尔近郊则有机会感受韩国不同的风貌。

新豐樓
華城行宮

如何前往

仁川机场是韩国最大的国际机场，往来机场及金浦机场的接驳巴士，班次多且便捷。

若由首尔前往，可搭乘地铁再换乘巴士到达，有些景点还可直接搭乘巴士直达。

游客服务中心

●仁川旅游中心

www.lnpia.net

住宿

京畿道有饭店、公寓式饭店及民宿可供选择，详细资料可上旅游中心网站查询。

©MOOK 曾秀铃摄

龙仁韩国民俗村

한국민속촌

P.135B2

(031)288-0000

搭乘地铁 1 号线在水原站下车，转搭往韩国民俗村的巴士，约需 30 分钟

冬季 9：00 ~ 17：30、夏季 9：00 ~ 18：30

成人 1.1 万韩元、青少年 9000 韩元、儿童 8000 韩元

www.koreanfolk.co.kr

龙仁韩国民俗村也是《大长今》的拍摄地点，男女主角曾在这里的一座木桥上相遇。民俗村因为将朝鲜王朝时代的平民居住环境一一再现，所以成为许多古装韩剧拍摄的地点。如果幸运的话，还能看到剧组在此拍戏。精彩的民俗表演如农乐、跳板、爬绳、传统婚礼等每天都有，十分受游客欢迎。

©MOOK 曾秀铃摄

©MOOK 曾秀铃摄

扬州 MBC 大长今村

대장금테마파크

P.135A1
在议政厅巴士客运站搭乘 301 路巴士，需时 30 分钟
10：00 ～ 17：00
5000 韩元
www.hellohallyu.com

MBC 大长今村是 MBC 电视台为了拍摄历史剧《大长今》而搭建的场景，总共有 2000 多平方米，建有御膳房、厨房、牢房、大殿、大妃殿、司饔院等 20 多个重要场景，重现了 15 世纪朝鲜王朝时代的原貌。

该剧杀青之后，便保留搭建的场景供游客参观。这里不仅可以参观到拍片的现场，每个场景旁还有详细的解说及剧照，更有许多道具让游客体验，比如射箭、坐轿等。还有纪念品店、药膳料理店，供游客品尝购买，让游客尽情体验身在剧中的乐趣。每逢节日，这里还会安排大型的传统舞蹈表演，场面热闹。

©MOOK 李美玲摄

©MOOK 李美玲摄

©MOOK 李美玲摄

爱宝乐园

Everland

P.135B2

(031)320-9271

地铁 3 号线教大站 13 号出口，转搭 1500 号巴士可达；或在国铁水原站对面，转搭 66、6000 号巴士可达

9：30 ~ 22：00，加勒比水上世界平日 9：00 ~ 19：00、周末 8：30 ~ 19：30

成人 2.7 万韩元、儿童 2 万韩元，全场使用券成人 3.4 万韩元、儿童 2.5 万韩元，加勒比水上世界成人 5 万韩元、儿童 3.8 万韩元（费用随季节略有波动）

www.everland.com

爱宝乐园就规模、游玩项目和造访游客数量而言，在韩国都是名列前茅的。完备的复合式游乐设施，可以满足不同年龄层的需求。

从市内搭乘地铁再转搭巴士，约 1 小时即可到达。爱宝乐园占地达 133 万平方米，分成有游乐园和动物园的欢乐世界 (Festival World)，汇集各种水上活动的加勒比海湾水世界（Caribbean Bay）和拥有全长 2124 米赛道的赛车场三个游乐场所。游乐设施室内和室外兼而有之，集结了各种游乐的器材，每年前来游玩的人数高达 900 万。

©MOOK 庄明颖摄

悲伤恋歌白色别墅

P.135A1

建议自由行游客从仁川包出租车前往，否则从信岛前往矢岛只能步行或租自行车前往

仁川市瓮津郡北岛面矢岛里

这栋位于海边的白色两层楼别墅，是韩剧《悲伤恋歌》中担任音乐制作人的俊奎给蕙仁教唱的地方。

走进这栋屋子，偌大的客厅、宽敞的厨房、半圆玻璃帷幕的回旋梯让人惊叹。里面的摆饰都保持着拍摄原貌；二楼走廊尽头摆着一架纯白色的钢琴，弧形落地窗外就是湛蓝的大海，景致华丽而梦幻。墙上挂着多幅剧照，其中部分是在纽约街头取景，每一张剧照都散发着浪漫凄美的气息。

©MOOK 王铭伟摄

©MOOK 王铭伟摄

©MOOK 王铭伟摄

©MOOK 王铭伟摄

浪漫满屋外景地

Full House

P.135A1
当地交通不便，建议从首尔包出租车前往
仁川市瓮津郡北岛面矢岛里 396-3
ongjin.go.kr

这幢位于海滩旁的白色屋子是《浪漫满屋》最重要的拍摄地点，耗资 10 亿韩元量身打造而成。厨房、浴室、回旋楼梯、面海落地窗、庭园……韩智恩与李英宰嬉闹的情景仿佛出现在眼前。

小屋外有一条木栈道延伸至沙滩，就是最后一集两人搭帐篷露营的地方，现今凉亭下设置了 Rain 与宋慧乔的人形展板，供游客拍照留念。

©MOOK 王铭伟摄

©MOOK 王铭伟摄

仁川三木渡船口 인천삼목선착장

地铁 2 号线至东仁川站，再转乘 112 号公车于三木渡船口下车

往返船票 2000 韩元 / 人、汽车 3 万韩元

韩剧《浪漫满屋》、《悲伤恋歌》都在仁川外海的矢岛上搭设了拍摄场景，剧中的优美景致、浪漫氛围让人心生向往，使三木渡船口成为众多影迷前往朝圣的地方。

三木渡船口虽非场景之一，却是前往矢岛的必经之地。渡船载客的空间非常大，汽车可以直接开上去，连游览车、水泥搅拌车都是座中客，一次约可载运 20 多辆车。差不多 15 分钟的航程就可到达信岛，再继续前行，经由过海大桥前往矢岛。

©MOOK 王铭伟摄

©MOOK 王铭伟摄

利川陶艺村
이천도자기박물관

P.135B2

首尔东长途巴士站乘开往利川的巴士，在利川巴士总站转搭往广州的 114 号巴士，在陶艺村入口下车，约需 1 小时

©MOOK 庄明颖摄

这个陶艺村聚集了四五十家陶瓷店铺，每家店都各有特色，卖的陶艺品以生活用具居多。在这里除了欣赏、采购各种陶瓷商品，还可以在陶艺教室亲手制作陶器。

陶艺家池彰午所经营的头成陶艺校室，则是一处专门体验制作陶瓷的乐趣的工房。

体验费用依器皿的大小来决定，小咖啡杯约 7000 韩元，体验时间为 1 小时 30 分钟。不过由于烧陶最少需要 20 天的时间，所以游客并不能马上拿到自己的作品。

©MOOK 庄明颖摄

©MOOK 庄明颖摄

©MOOK 曾秀铃摄

水原华城

수원화성

P.135A2
地铁 1 号线水原站下车，转搭 2、7、8、13 号巴士在华城大门口下车
华城火车成人 1000 韩元、青少年 500 韩元
休 周一
hs.suwon.ne.kr

华城位于京畿道水原，是朝鲜王朝后期的代表性城郭。华城面积 130 万平方米，周边是连绵 5.7 公里的心形城墙。游览水原华城的最佳方式为搭乘华城火车。除了行宫建筑，由炮楼、楼台、城门组成的城墙是由黑砖和花岗岩建成的。其中邻近的华虹门和东北角楼有水原川流经，柳色青青，犹如一幅美丽的图画。

来到水原，不能错过有名的水原烤牛肉。品质优良的牛肉经过调味加工后，放在铁架上烧烤，香气逼人，味道极佳。

©MOOK 曾秀铃摄

海刚陶瓷美术馆
해강도자기미술관

P.135B2
在首尔综合巴士总站搭乘前往利川的巴士，约 60 分钟在利川巴士总站下车，乘 114 号坐席巴士在水广里下车即到
京畿道利川市新屯面水广里 330-1
(031)634-2266
10：00 ~ 17：00
2000 韩元

高丽青瓷原是从中国传到韩国的陶瓷技术，于高丽王朝时代达到巅峰。随时代的变迁，青瓷也展现不同的风貌，前期为青绿瓷，后期为翡翠青瓷，而后更发展成形状、色泽、纹路都堪称极品的象眼青瓷。然而它优美的曲线、独特的装饰技法和散发迷人色泽的技术，却在朝鲜王朝时代的 14 世纪因战火影响而失传。

被韩国视为“人间文化财神”的已故海刚柳根滢先生（海刚为他的号），为了让高丽青瓷的传统技术可以流传下去，花费多年心血研究，终于使高丽青瓷再现它那神秘的媚惑色泽。海刚陶瓷美术馆即是为了纪念海刚先生所设立的美术馆，为韩国唯一的陶瓷美术馆。

美术馆一楼展出韩国陶瓷发展历史和制作技术的相关资料，并有若干件海刚先生的作品。二楼是海刚先生的收藏品，包括高丽时代的青瓷和朝鲜王朝的白瓷。在这里你可对韩国青瓷、粉青沙器与白瓷的发展、陶瓷制作过程、纹样装饰法等有进一步的认识。

馆内有中英文的解说，并设有销售商店，参观后可选购陶瓷艺术品。此外，美术馆的外面有窑址，可供参观。

©MOOK 庄明颖摄

雉岳山©MOOK

位于韩国东北部，拥有优美的自然环境，境内有好几座国家公园，包括雪岳山国家公园、五台山国家公园和雉岳山国家公园。平日可以登山健行，秋季是赏枫的好去处，冬季则可以滑雪，一年四季都有游客造访，许多度假村都建于此地。

雪岳山拥有雄伟的山峰、秀丽的溪谷，山色随着四季更迭而变化。虽为韩国东部最高的国家公园，但坡缓利行，春夏满载绿意徜徉山林溪谷间，心旷神怡；秋天满山红枫，为雪岳山奇岩俊石的刚硬线条更添几许妩媚。

据说在新罗宣德王时期（公元 643 年），高僧慈藏在中国的五台山上亲眼见到文殊菩萨，并得到佛祖头顶骨舍利后回到韩国，将其供奉在江原道的五台山上，创建了月精寺。山上同建于新罗时期的上院寺，以及朝鲜王朝时期世祖大王在此发生的传说故事，为这里增添了悠悠的古意和几许传奇的色彩。与此同时，五台山国家公园春夏的纵树林步道，秋天满山红叶竞相争艳的美景，吸引着游客的目光，一到假日这里总是游客如织，登山客络绎不绝。

在韩国众多的滑雪场中，以位于江原道的滑雪场最为知名。江原道地处高纬度，雪季长、雪量丰，而且距离首尔只要 3 个小时的车程。

除了是运动休闲的好去处，江原道东临风光明媚的大海，许多知名韩剧的外景选择在此拍摄，让造访的游客又多了韩剧迷！例如南怡岛上成片的草地及林木，除了秋赏枫红、冬赏雪景，著名韩剧《冬季恋歌》就曾在此处取景。

江原道

강원도

A
B
江原道
1
花津浦海滩
束草
雪岳水上乐园
束草大浦港
雪岳山国家公园
春川明洞、鸡排一条街
春川
留声机博物馆
江陵
五台山国家公园
南怡岛
草堂豆腐村
凤凰度假村
龙平度假村
东海
2
现代星宇度假村
正东津车站
三陟
雉岳山国家公园
利川
图例
景点
度假村
博物馆
国家公园

雪岳山

설악산

位于韩国东部江原道的雪岳山，主峰大青峰海拔 1708 米，大致可分东部由束草上山的外雪岳，南部由襄阳上山的南雪岳，以及由麟蹄方向上山的内雪岳。三条登山路线用时各有长短，难易各不相同。若想轻松又能够欣赏沿途风光，走南雪岳铸钱谷路线为最好。北雪岳的权金城、缆车观景也是热门游览方式。

这两条路线来回花费时间约两个小时，途经的枫树种类不多，但山中变叶木不少，加上四季气候的变化，一到秋天，树林中红黄相间的美景，吸引不少游客前来观赏。尤其是每年 9 月下旬之后的枫红旺季，光从山脚下到国家公园入口处，就能堵上一个多小时的车，有不少游客干脆下车徒步前往。

束草是距离雪岳山最近的城市，一直都是首尔人度过周末假日的首选休闲地。登上雪岳山，享受五色温泉，下山到束草饱尝美味新鲜的海产品，是常见的游玩方式。

实用信息

如何前往

巴士

从首尔地铁 7 号线高速巴士站搭乘高速巴士前往束草，约 3.5 小时可达，每 30 分钟 1 班。再从束草市外巴士或束草高速巴士总站可搭 7 路公车前往雪岳山，约 35 分钟可达入口处。

行程安排

登雪岳山可分铸钱谷路线和权金城路线。不妨登上雪岳山，享受五色温泉，下山到束草大啖美味新鲜的海产品。

基本资料

主峰：大青峰

高度：海拔 1708 米
面积：373 平方公里
新兴寺地区 3400 韩元， 潭寺地区 3200 韩元
(033)636-7700
www.npa.or.kr/sorak

铸钱谷路线

五色温泉步行约25分钟—仙女潭步行约20分钟—金刚门步行约5分钟—龙沼瀑布／铸钱谷

从五色温泉进入雪岳山是登山和泡澡的最佳路径。往铸钱谷方向前进，来回约两小时的行程，沿着溪谷边的钢制步道前进，脚旁是清澈的溪流，抬头远眺是巍峨的山景。以大石堆砌的石阶走起来不费力气，林间偶见松鼠觅食，夏季凉爽，秋季赏枫，是相当舒适的登山步道。而以碳酸泉著名的五色温泉区，是大多数游客放松身心的地方。

五色温泉색온천

五色温泉这个名字据说源自朝鲜王朝时代，一位和尚在当地发现有山泉涌出，乍看泉水似有五种颜色，因而命名“五色温泉”。五色温泉的泉水含丰富铁质，据说对胃部、神经痛、贫血等病症有很好的疗效。因为泉水干净可生饮，有不少民众带着水壶瓶罐上山接水喝。由于是碳酸泉，喝起来口感就像是无味的苏打水，甘甜中带有气泡。

由于江原道的水源是首尔主要饮用水的供给地，政府明令不准在当地建设工厂，溪水、涌泉仍清澈无污染，游客可以放心饮用。

除了和尚发现的涌泉地，沿着山路前行快到仙女瀑布处也有一处涌泉口，因此这里成为登山客中途补充水分的地方。五色温泉区不只有生饮泉，当地有许多供游客过夜休憩的温泉旅馆，都有大众浴池可供泡澡。

©MOOK 庄明颖摄

©MOOK 庄明颖摄

©MOOK 庄明颖摄

龙沼瀑布용소폭포

以龙为名，其实是借龙喻蛇。传说过去曾有一对水蛇在此修行，完成千年修炼之际，只要飞身上天就能成龙，没想到母蛇错过升天良辰，只得先留在河边岩石畔休息，现在所见的蜿蜒河道就是母蛇停留的地方。

金刚门금강문

金刚门之名从佛经而来，过了这道门就像是把过去不好的一切留在门外。过了金刚门，算是真正置身铸钱谷中，往前几步就是龙沼瀑布，虽没有万马奔腾之势，豁然开阔的景色，仍令人眼前一亮。

↑ **仙女潭** 선녀탕

似乎仙女下凡沐浴的传说故事总能让人浮想联翩，雪岳山的故事也是如此。据传有 12 位仙女曾在此沐浴，仔细看看在溪谷中以岩石围起来的部分，还真像一座天然的浴池。

权金城路线

路线1：雪岳山国家公园入口步行约10分钟—缆车站—缆车15分钟—山顶缆车站步行约20分钟—权金城
路线2：缆车站约5分钟—新兴寺（统一大佛）约80分钟—晃岩
从束草方向上山，是进入雪岳山的主要通道，也是游览雪岳山最热门的路线。从入口搭乘缆车到权金城，沿着新兴寺到晃岩，步行约80分钟，沿途经过山林小径，春夏两季绿荫遮日，一到秋天，红黄相间的变叶木夹道，又是另一番风景

→ 晃岩흔들바위

大自然无奇不有，矗立在雪岳山山峭旁的晃岩，看似一触即倒，实际上却是风吹不动，人推不倒。许多游客行到此处，都喜欢在晃岩前留下徒手推石的纪念照。

由于晃岩就在山崖边，可以清楚地望见蔚山岩巍峨耸立的壮丽景观。

蔚山岩之所以著名，还有一个有趣的传说。这尊巨岩远从蔚山欲前往金刚山参加岩石选美比赛，中途却将雪岳山误认为赛场，左等右等才发现错过比赛，心有羞愧不敢回乡，就此停留在雪岳山上，成为雪岳山的奇岩山景之一。

©MOOK 庄明颖摄

↓ 新兴寺신흥사

以雪岳山为背景的新兴寺，最大的特色就是其清幽的环境，庙宇内部保留了朝鲜王朝时代的梵钟、三层石塔、大雄殿、冥府殿等建筑，可见当时佛教艺术的风貌。

©MOOK 庄明颖摄

©MOOK 庄明颖摄

权金城 권금성

8：00～17：00

缆车往返 8000 韩元

权金城是位于雪岳山公园内险峻的山峦中的一处古城遗址，亦称雪岳山城。由于传说是因为姓权和姓金的两个将军为了避免战事而修建此城，故称为权金城。

前往权金城的游客，只要从公园入口搭乘全长 1100 米的缆车在终点山顶站下车即可。此山顶站位于海拔 800 米处，可眺望观赏奇岩峭壁的壮阔山景，秋季红枫处处，冬季白雪皑皑。天气晴朗时，从缆车下车处徒步约 20 分钟到权金城瞭望台，可见千佛洞溪谷、束草市景等。

束草大浦港
속초대포항

周边景点

P.147B1

从首尔高速巴士总站或东首尔长途巴士站搭乘往束草的高速巴士，3～4 小时可达。或从雪岳山入口搭乘往束草方向的巴士，中途会停靠大浦港，约 20 分钟可达

大浦港是束草相当热闹的观光海港，港口一边道路是交易热闹的鱼市和小吃摊，另一边则是一家接一家的海鲜餐厅及土产商店，从雪岳山方向下来开车只需 20 分钟即可到达。

想吃鲜美的海产品，可以在摊贩那里挑选好鲜鱼，让他们将鱼收拾干净，切片盛盘，配上酱料和一盆野菜，便可以尽情享受新鲜海味了。

沿街 24 小时营业的海产餐厅有各式海产料理，生鱼片、海鲜火锅任君挑选。要品尝当地风味，市场旁有现烤

©MOOK 庄明颖摄

的鱿鱼、蛤蛎、鱿鱼肠，以及烤栗子、马铃薯甜包等小吃。鱿鱼是束草最丰富的渔货，最后不妨到土产商店买一些既便宜又新鲜的鱿鱼干。

©MOOK 庄明颖摄

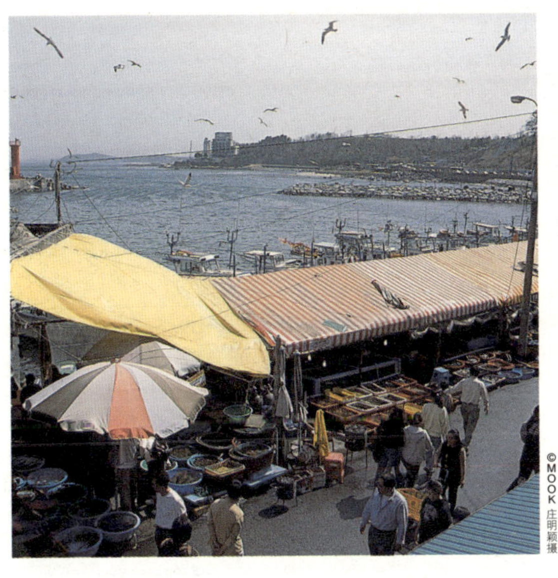

©MOOK 庄明颖摄

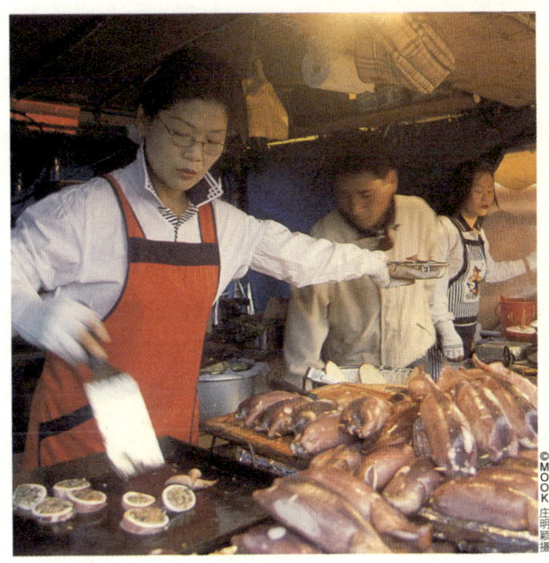

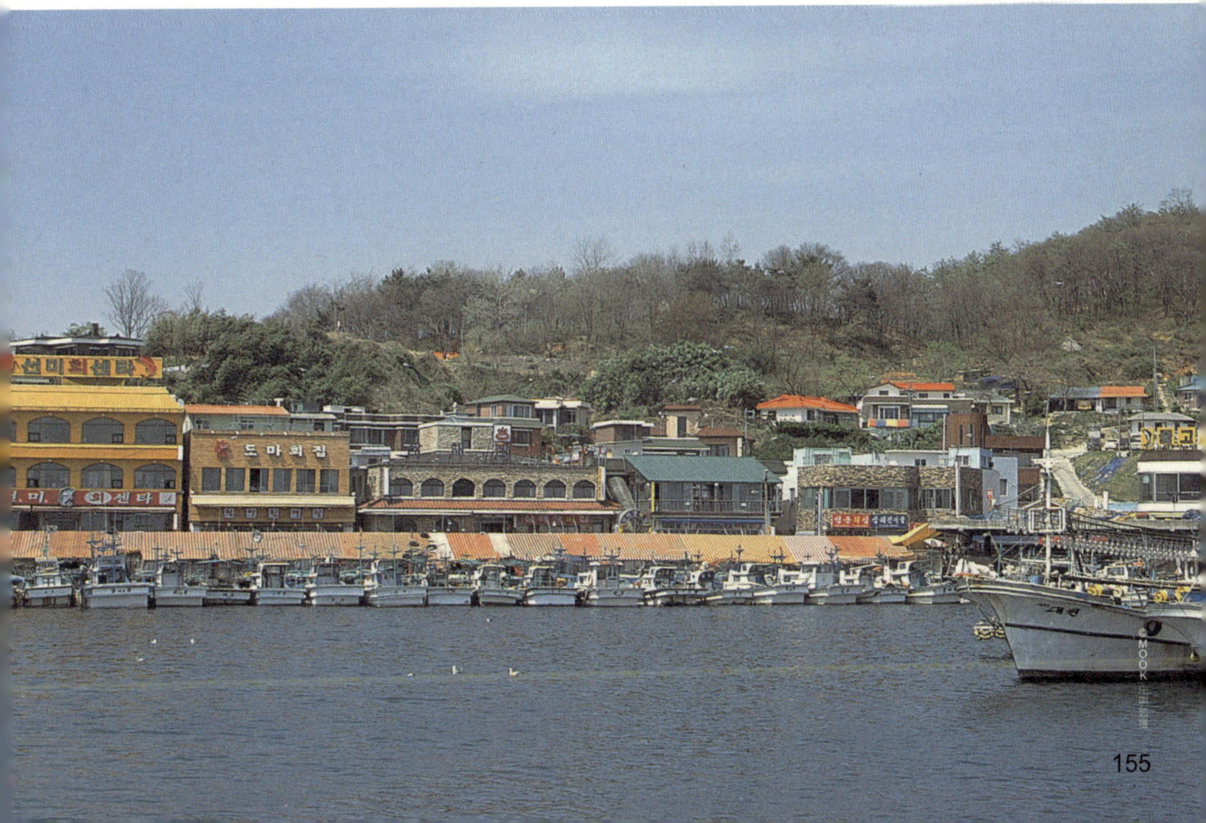

©MOOK 庄明颖摄

©MOOK 庄明颖摄

雪岳水上乐园

Sorak Waterpia

周边景点

P.147B1
在首尔乙支路韩华大厦、蚕室韩华 Mart 有开往雪岳韩华度假村的公共汽车；或从束草搭乘 3 路公共汽车或计程车在雪岳水上乐园下车
江原道束草市长沙洞 24-1
(033)635-7711
10：00 ~ 20：30（旺季 6：00 ~ 21：30）
旺季 3.9 万韩元、淡季 2.9 万韩元
www.seorakwaterpia.co

位于江原道束草市的雪岳水上乐园，是由韩华度假村（Sorak Hanwha Resort）经营的。它接近雪岳山，地理条件优越，拥有水质极好的温泉。到这里旅游，既可以穿着泳衣享受水上乐园的乐趣，又可以泡温泉，洗去一身的疲惫，是游人最佳的度假胜地。

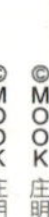

©MOOK 庄明颖摄

©MOOK 庄明颖摄

花津浦海滩

화진포

周边景点

P.147B1

在东首尔长途巴士站乘坐开往杆城的巴士，在杆城转搭开往巨津或大津的 1 号巴士，于大津高中下车，再步行 15 分可达

长约一公里的花津浦海滩，原本以夏季海棠花盛开而闻名，因为是韩剧《蓝色生死恋》最后一幕女主角撒手人寰的拍摄场地而声名远扬。

走在花津浦的沙滩上，海涛阵阵，脚踏在沙上发出沙沙的响声，韩国人称之为“鸣沙”。在花津浦周长 16 公里的芦苇塘中，每逢秋天就有候鸟和天鹅群飞来，因此，这里还是一处候鸟栖息地。

五台山

오대산

五台山周围有虎岭峰、象王峰、头老峰、东台山、毗卢峰五座山峰簇拥着，远看就像是一朵莲花，故称为五台山。

五台山步行路线较远，位于山脚下公园入口处的月精寺和开车需15分钟到达的上院寺，是游客登上五台山主要游览的景点。

沿着“月精大伽蓝”的入山牌楼前行，是一条树林步道。从停车场一直往月精寺的方向，则为秋季赏红叶的步行路线。

再往上走，从上院寺石碑入口处进入，方可抵达上院寺，这里也是游客上山赏枫的地方。

邻近五台山的江陵，一到夏季，便成为众多泳客的聚集地；著名的草堂豆腐，不仅韩国人公认好吃，更有游客从澳大利亚前来大啖豆腐佳肴。

©MOOK 庄明颖摄

实用信息

如何前往

●巴士

在首尔的东首尔综合汽车站乘市外公共汽车到珍富下车，需 3 小时 30 分，乘市内公共汽车到月精寺，需 20 分。

行程安排

从月精寺到上院寺往返约 3 小时。

基本资料

●主峰：毗卢峰

高度：1563 米

面积：298 平方公里

国家公园管理公团五台山管理事务所 (033)332-6417

(含月精寺门票) 成人票 3400 韩元、学生票 1300 韩元、儿童票 700 韩元

www.npa.or.kr/odae

路线：月精寺步行约 1~1.5 小时、搭车约 20 分钟—上院寺

©MOOK 庄明颖摄

←↓ 月精寺월정사

踏上月精寺的台阶前，可见许多以小石叠砌的祈愿石塔，经过四大天王像后，还可看见坐落在院中广场，从高丽时代（936 年 ~ 1392 年）留存至今的九层石塔。石塔高 16.2 米，为八角造型，底座刻有莲花图样，是韩国寺庙中鲜见的华丽石塔，原石塔内供奉有 16 颗佛祖舍利，现已移至寺庙旁的博物馆存放。

月精寺的正殿为 1968 年重建的寂光殿，从 1592 年壬辰之乱后，韩国一直处于战乱状态，许多古老的寺庙不是毁于战事，就是遭遇火灾，现在所见的寺庙建筑，多数为近代重建。

斜对寂光殿的博物馆，陈列着从韩国各地寺庙收集来的释迦牟尼画像，画作年代久远，从 1791 ~ 1913 年的画像都有，每个月都会替换展示品。

原位于九层石塔前，新罗时期遗留的文殊菩萨石像，现存放在庙内，但不对外开放参观。

©MOOK 庄明颖摄

↑ 上院寺상원사

上院寺是韩国唯一供奉的文殊童子像的庙宇。寺庙前方立有两座石猫像，是为纪念赶走刺客以保护世祖的两只山猫而塑造的。

上院寺还有一座韩国历史上最久远的铜钟，这座钟因为敲打的声音十分悦耳，被称为“音铜”，其特色在于钟顶悬钟处只铸了一条龙，和朝鲜王朝时代的铜钟铸有两条龙有所不同，且钟身刻有持乐器的飞天菩萨，上方乳廓 9 个一组，敲击处还刻有八瓣莲花图。

这座古钟早已退休，陈列在一个木屋里，让信众从窗户投币许愿，寺中和尚另铸铜钟供暮鼓晨钟之用。

留声机博物馆

진성박물관

周边景点

P.160 江陵地图
江陵市镜浦湖 35-1
4500 韩元
www.edison.or.kr

©MOOK 庄明颖摄

这座私人博物馆为孙木成馆长所有，从 14 岁起就开始收藏各式留声机的孙馆长原来是一位建筑师，因为来韩国时，身上只有一部父亲留给他的留声机，所以便对留声机有着特殊的感情。

博物馆里 4500 件藏品，是馆长花费 45 年时间从世界各地收集而来的，另外还有 2000 多件展品在浦城地区。这里有从 1877 年爱迪生发明的传语留声机、1888 年没有喇叭的木柜式留声机、1903 ~ 1905年流行的大喇叭留声机，一直到近代特殊造型的音响等，不愧是留声机博物馆。最特别的是这里保存有世界最小、直径 35 毫米的黑胶唱片。馆内还特别设有一间播放室，以 1999 年法国制造的顶级音响设备播放音乐，让游客真正体验音响效果带来的震撼。

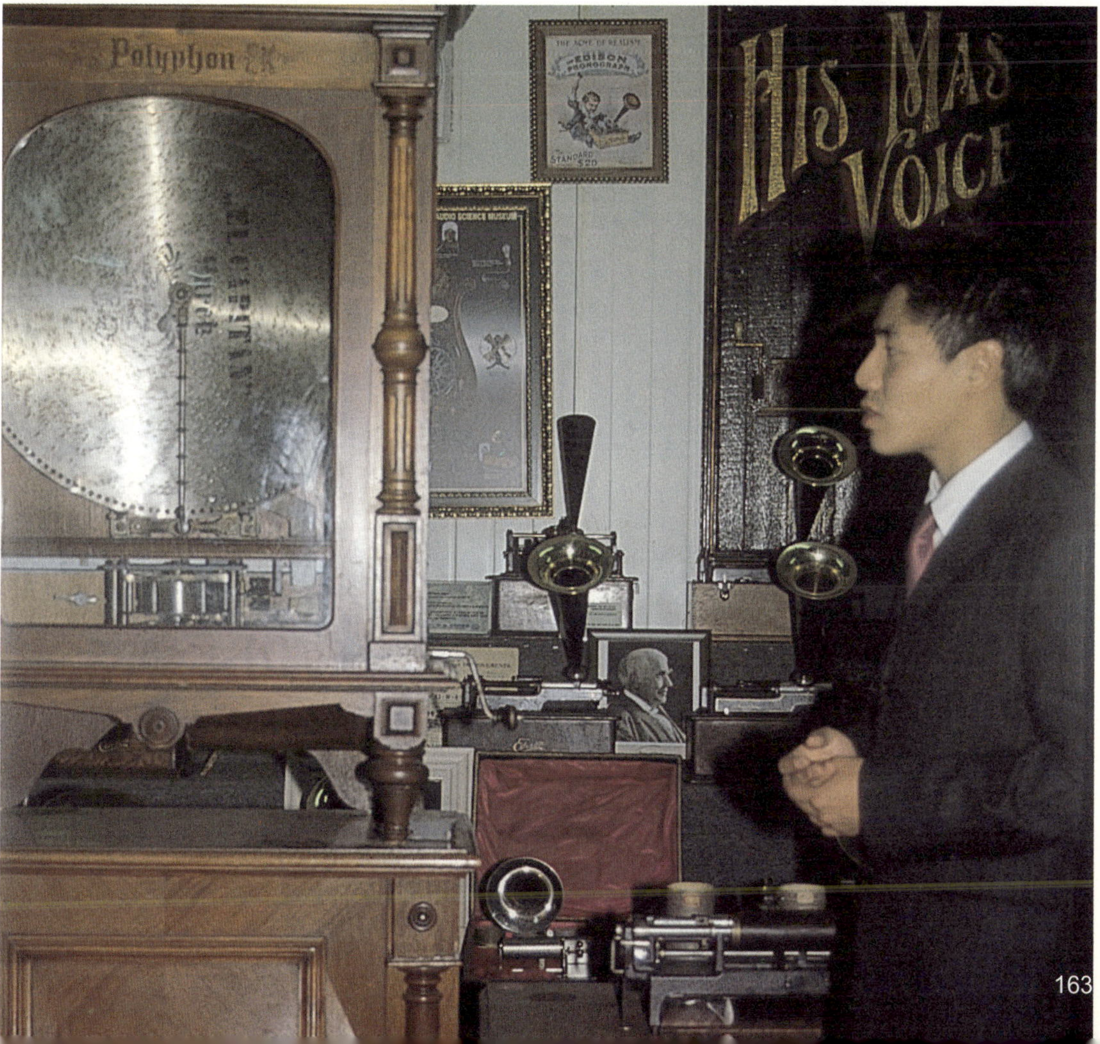

©MOOK 庄明颖摄

正东津车站

정동진

周边景点

P.160 江陵地图

从首尔清凉里火车站搭乘开往正东津的列车，约需 6 小时

www.gangneung.gangwon.kr

位于江陵市北端的正东津车站，是吉尼斯世界大全认可的全世界离海岸线最近的火车站。有多近？只要从月台跑几步，就可以触摸到海浪。

每逢炙热的夏季，洁白的沙滩上总可看到成群戏水的人们。这里曾是韩剧《沙漏》的拍摄场地，铁道与碧海蓝天交织眼前，加上几座白色石雕矗立，添加了几许艺术气息，成了游客拍照留念的地方。

正东津车站月台需购票才可入内，也可选择从北边的东海车站搭乘火车，只要半个小时就可抵达正东津车站。

©MOOK 王铭伟摄

©MOOK 王铭伟摄

©MOOK 王铭伟摄

©MOOK 王铭伟摄

龙平度假村

용평리조트

周边景点

P.160 江陵地图

从首尔金浦机场每日有国内航班前往江陵机场，再从江陵机场转搭免费巴士前往；或从首尔东部车站搭乘往横溪方向的巴士，再从横溪搭免费巴士前往

江原道平昌郡道岩面龙山里 130 号

(033)335-5757

www.yongpyong.co.kr

龙平度假村拥有 28 条滑雪道，是韩国最大的度假村。这里一直是韩国人争相前往的滑雪胜地，也是韩剧《冬季恋歌》的拍摄现场，剧中男女主角共处一夜的缆车瞭望台，以及为了该剧而搭建的咖啡厅，都是国外游客竞相前往的地点。

咖啡厅玄关挂着剧中 4 位主角的巨幅海报，室内每一个角落都有剧照及相关报道，男主角弹过的钢琴也摆在那里。钢琴旁的电视不断重复播放着该剧的精彩片段，浪漫气氛充斥着整个房间，坐在里面仿佛置身剧中。

처음
CAFÉ
COFFEE & HOF
Café 처음
Café 처음
Café 처음
Café 처음

©MOOK 庄明颖摄

草堂豆腐村

초당할머니순두부

周边景点

P.160 江陵地图
江陵市草堂洞 307-4
(033)652-2058
www.chodangdubu.com

江陵草堂的海水豆腐驰名全国，当地店家以水管探进海底，抽取深海干净的海水来制作豆腐。所谓海水豆腐，就是将海水当做硬化剂，在豆浆煮沸后，适时加入些许海水，使其凝固；海水本身就有一点咸味，刚做好的豆腐，趁热吃，味道最佳。

海水豆腐较我们常吃的豆腐稍硬。

一口咬下，豆香就在嘴里溢开。豆腐未定型前，店家会将最上层的豆花舀出做成豆腐脑，加上泡菜一起吃，是十足的韩式风味。

草堂地区有许多豆腐店，历史最悠久的要算是草堂婆婆水豆腐，不仅日本电视台都远赴采访，更有澳大利亚游客特地到店里学艺，美味可见一斑。

©MOOK 庄明颖摄

雉岳山

치악산

雉岳山有一个流传已久的报恩传说。一位年轻人上山时，为救雉鸡而杀了一条蛇，蛇的妻子为了报复便将龟龙寺的和尚杀尽，并变身为出家人将年轻人骗入寺庙，诅咒他若能活到天晓钟响，才放他一条生路。但寺里已无和尚敲钟，就在天破晓之前，被救的雉鸡为了报恩，便一头撞上铜钟，让年轻人解咒脱困。雉岳山之名便由此而来，后因秋季满山枫红的景致，这里也被称为赤岳山。

位于江原道西南方的雉岳山，主峰为海拔 1288 米的飞卢峰，是一处自然国家公园。位于公园中心的雉岳山上曾有不少高僧建寺修行。

整座雉岳山国家公园分为龟龙地区、釜谷地区、金岱地区、神林地区，其中又以龟龙地区的龟龙寺一带风光吸引游客最多，每年预计有 40 多万人次前往。

雉岳山属于国家公园的部分共有 1700 多种树种，其中 91% 是枫树。每年 10 月为枫红季节。最轻松的赏枫路线，是从龟龙地区的国家公园入口处，步行至龟龙寺，往返约两小时，能遍赏雉岳山的秀美风光。

实用信息

如何前往

●巴士

从东首尔公共汽车站到原州，乘市外公车，需 1 小时 40 分钟，在原州市内乘 41 路公共汽车，约 45 分钟可达雉岳山。春川长途巴士总站有车前往原州长途巴士总站，约 40 分钟。

基本资料

●主峰：飞卢峰

高度：1288 米

面积：182 平方公里

国家公园管理公团雉岳山管理事务所

(033)732-5231

www.npa.or.kr/chika

行程安排

从入口处到九龙沼往返路程约需两小时。

©MOOK 庄明颖摄

龟龙寺路线

路线 1：国家公园入口 / 黄肠禁标步行约 40 分钟—龟龙寺步行约 3 ~ 5 分钟—九龙沼

©MOOK 庄明颖摄

©MOOK 庄明颖摄

九龙沼구룡소

在龟龙寺的右侧不远处，有一条蜿蜒的溪流，传说这里是龟龙寺的前身，九龙池塘的源头，水道弯曲如同龙的身形一样。夏季水位高涨，有时还会漫过跨越溪流的铁桥，秋天沿桥而过，片片红枫，景色十分迷人，真可谓是赏红叶的最佳地点。

黄肠禁标황장금표

在国家公园入口处矗立着一棵参天巨木，据说这株大树已有 400 年的历史，若将树木横切可见金黄木色，韩国人称其为黄肠木或春阳木，从朝鲜王朝时代就被列为保护树种。该树种的产地在全韩国约有 60 处，而数量以雉岳山的龟龙地区为最。所谓“黄肠禁标”，就是当时颁布的禁伐命令。

龟龙寺구룡사

公元 666 年，义湘大师来到雉岳山修行，发现一处聚集有 9 条龙的池塘，龙离去后，大师将池塘填平建庙，并命名为“九龙寺”。直到 1706 年（朝鲜王朝中期）改称为“龟龙寺”。

据说曾有不少高僧在此修行，寺庙里信众往来频繁，每年农历九月十五都会举办山神斋法会。大雄殿前的石塔内供有佛祖舍利，而一旁的梵钟阁，就是传说里雉鸡冲撞报恩的大钟。

©MOOK 庄明颖摄

春川明洞・鸡排一条街

춘천명동·닭갈비골목

周边景点

从春川长途汽车站搭乘市内巴士，从第 4 站下车即到

春川明洞步行 10 分钟便能走完全程，不过麻雀虽小、五脏俱全，韩国知名品牌的服饰店、快餐店、饰品摊贩等，在春川明洞一样不缺。平日这里聚集不少的年轻人流连，周末假日还不定期在街上展示学生们的素描及雕塑作品，为这里增添了一些文化气息。

与明洞并行的地下购物街，有时装街、青春街等各式主题购物区，流行服饰、生活用品、化妆品等琳琅满目，所有店家成“T”字形排开，街里还有饮食区。中央区是设有喷水池的相会广场，也是春川年轻男女约会的地方。

从春川明洞旁的一条小巷里，阵阵烧烤香味扑鼻而来，这就是著名的春川鸡排街。经过辣椒酱料调制的鸡腿，加上野菜一起炒的大锅料理，最适合三五好友或一家人同享。

春川人建议吃完鸡排后，再来一碗口感极佳的春川荞麦冷面。这样的美味连首尔人都愿花一两个小时的时间，到这里享用。

©MOOK 庄明颖摄

春川

凤凰度假村

Phoenix Park

周边景点

可从首尔 Glass Tower（地铁 2 号线三成站 3 号出口），搭乘直达巴士前往，成人单程 1.3 万韩元；或从东首尔长途巴士站搭乘往长坪的巴士，抵达长坪长途巴士站，再转搭免费的接驳车

江原道平昌郡

(033)333-6000

www.phoenixpark.co.kr

凤凰度假村（Phoenix Park）位于江原道平昌郡海拔 700 米处，1994 年正式营业，拥有 13 条滑雪道、9 洞高尔夫球场等多项休闲娱乐设施，住宿区分为公寓式住房和普通住房。公寓式住房是韩国炕式睡房，附带客厅、厨房。在凤凰度假村有三栋以蓝、绿、橙色区分的公寓式住房，一栋西式旅馆住房，一栋青年旅馆。

三色公寓式住房大楼下分别有活动中心、健身房、滑雪用具供应区、超市、餐馆等，还有保龄球场、室外滑水道游泳池、夜总会等娱乐设施。每栋大楼的地下相互连通，冬季游客不需冒着寒风往返于活动地点。

坐落在公寓式住房后面的 Euro Villa 带着欧式建筑风格，其中一间套房曾为韩剧《蓝色生死恋》元彬所饰演的泰锡的住房。饭店不仅将住房布置维持拍戏原样，还挂上许多该剧的剧照，吸引韩剧迷争相前往。

©MOOK 庄明颖摄

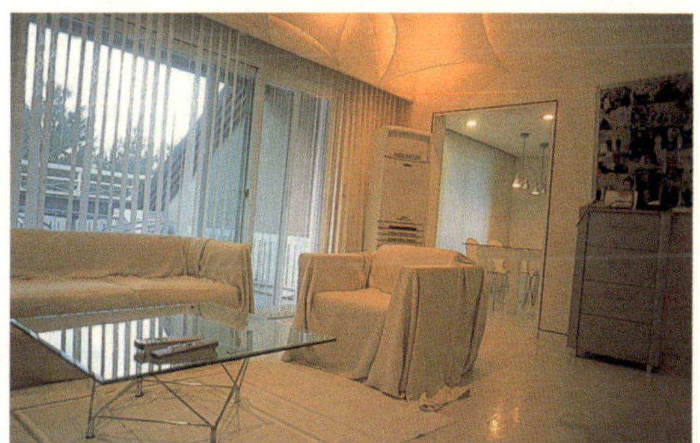

©MOOK 庄明颖摄

南怡岛
남이섬
周边景点

在加平火车站或巴士站，搭乘出租车10分钟到渡口。码头7：30～9：00每30分钟一班船，9：00～18：00每10～20分钟一班船，18：00～21：30每30分钟一班船，船程约10分钟

(031)582-5118

7：30～21：40

含往返船票，成人5000韩元

www.namisum.com

南怡岛原本并不是一座岛，由于清平水库的修建和蓄水而成为北汉江上的岛。南怡岛方圆近6公里，四周生长着像屏风一样郁郁葱葱的栗子树和白杨树等，是一条绝好的散步道。

南怡岛原为一处私人游乐园，从春川坐船只需10分钟即可到达。岛上有成片的草地，数条笔直的银杏林和杉木林大道。一到秋天，枫叶红透，银杏金黄，一派诗意盎然的景象。

©MOOK 庄明颖摄

©MOOK 庄明颖摄

为韩剧《冬季恋歌》所建造的咖啡屋，保留着拍摄时的样子，墙上挂有拍摄过程中的花絮照片，还有演员们的亲笔签名。咖啡屋外有剧迷的留言板，一到晚上，咖啡屋外会点起蜡烛，一盏盏烛光营造出静谧浪漫的氛围。

咖啡屋纪念品店，除有电视剧纪念商品出售，还有岛主人自己的陶艺作品的展售。店内还提供坯胎，让游客自行作画。咖啡屋还提供剧中主人公吃的学生套餐，简单的泡菜炒饭加上一个荷包蛋，一份4000韩元。

南怡岛上也提供住宿，设施简单，分有韩式炕房和公寓式房间，四人炕式房一晚约5.5万韩元起，平时住宿可以打8折。这里住房数量少，因此并不建议在此过夜，安排回春川住宿较为妥当。

©MOOK 庄明颖摄

在韩国南部还有不少各具特色、魅力十足的城市。韩国第二大城市釜山，被誉为“无围墙的博物馆”的庆州，朝鲜王朝时代的发祥地全州，以泡菜闻名的光州，以及韩国当地著名的度假岛屿济州岛，都能让你发现不一样的韩国风情。

南部大城

남쪽도시

庆州

경주

位于庆尚北道的庆州，堪称是韩国最具特色的地方，这里曾因作为新罗王朝的首都而繁盛一时。尽管后来新罗灭亡，但随处点缀的历史遗迹，让它赢得“无围墙的博物馆”的美誉。

1995 年石窟庵和佛国寺被列入世界文化遗产。庆州神秘古典的风情，就像该地区许多还未解开的谜一般，带着醉人的魅力。

行在庆州，游客印象最深的应该是林立的石塔和石佛，这是属于庆州的佛教艺术精品。因为新罗时期其文化受到佛教文化的影响很深，在前期受到中国南北朝的影响，后期则吸收唐朝佛教与儒学的精髓，因而能发展出属于自己独特的文化。

庆州

A B
1
往永川
往安康
往浦项
公寓园地
公寓稠密居住地区
龙江工业园区
金丈桥
鸡林高中
鸡林中学
东国大学
小金刚山
室内体育馆
庆州市立图书馆
庆州公设运动场
柏栗寺
掘佛寺址
东国大附属医院
隍城公园
金庾信将军铜像
庆州市政府
昔脱解王陵
东大桥
青少年修炼馆
江边道路
城乾洞事务所
庆州桥
新罗百货公司
源花路
西川
东大路
庆州邑城
北川
庆州警察署
城东市场
庆州火车站
2
金庾信将军墓
花郎路
宪德王陵
乾川桥
协城观光饭店
西城路
金冠冢
凤凰台
庆州火车站观光案内所
消防署
丘皇桥
高速客运站
市外客运站
客运站观光案内所
皇南面包
八友亭醒酒场小区
芬皇寺
太宗路
庆州市政府
往普门度假风景区→
路东·路西古坟群
天马冢
皇龙寺址
西川桥
古墓公园（大陵苑）
女商高中
庆州公园观光饭店
皇南市场
庆都观光纪念品店
庆浦产业道路
月城大公园
瞻星台
金城路
雁鸭池
太宗武烈王陵
皇南小学
石冰库
奈勿王陵
鸡林
半月城
皇南洞古墓群
校洞
瑶石宫
3
庆州博物馆
往佛国寺·石窟庵→
兴仑寺址
南川
五陵
↓往西南山（三陵、鲍石亭）
N

图例 景点 学校 寺庙 公园 住宿 美食 火车站 博物馆 游客中心 机关政府

如何前往

●铁路

从首尔站搭乘中央线列车在庆州站下车，用时 4 小时 11 分钟。

●高速巴士

从首尔高速巴士总站搭往庆州高速巴士总站的巴士，每 30 ~ 40 分钟一班，用时 4 小时 15 分钟。从釜山高速巴士总站搭往庆州高速巴士总站的巴士，用时 1 小时 20 分钟。

区内交通

庆州市内的观光景点几乎以徒步的方式就可到达，不过更多的游客喜欢骑自行车游玩。在庆州站、巴士总站前和古墓公园前都提供自行车的租借服务。

行程安排

建议将佛国寺及石窟庵安排在早上一起参观，两处相距不远，可先参观佛国寺，再步行约 40 分钟到石窟庵，或在佛国寺停车场搭巴士前往石窟庵。

©MOOK 庄明颖摄

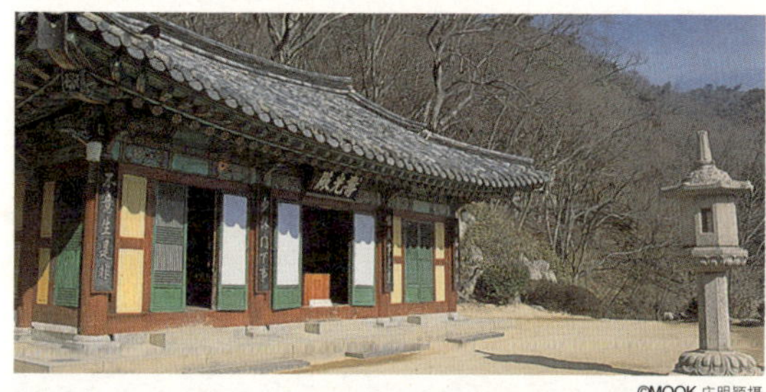

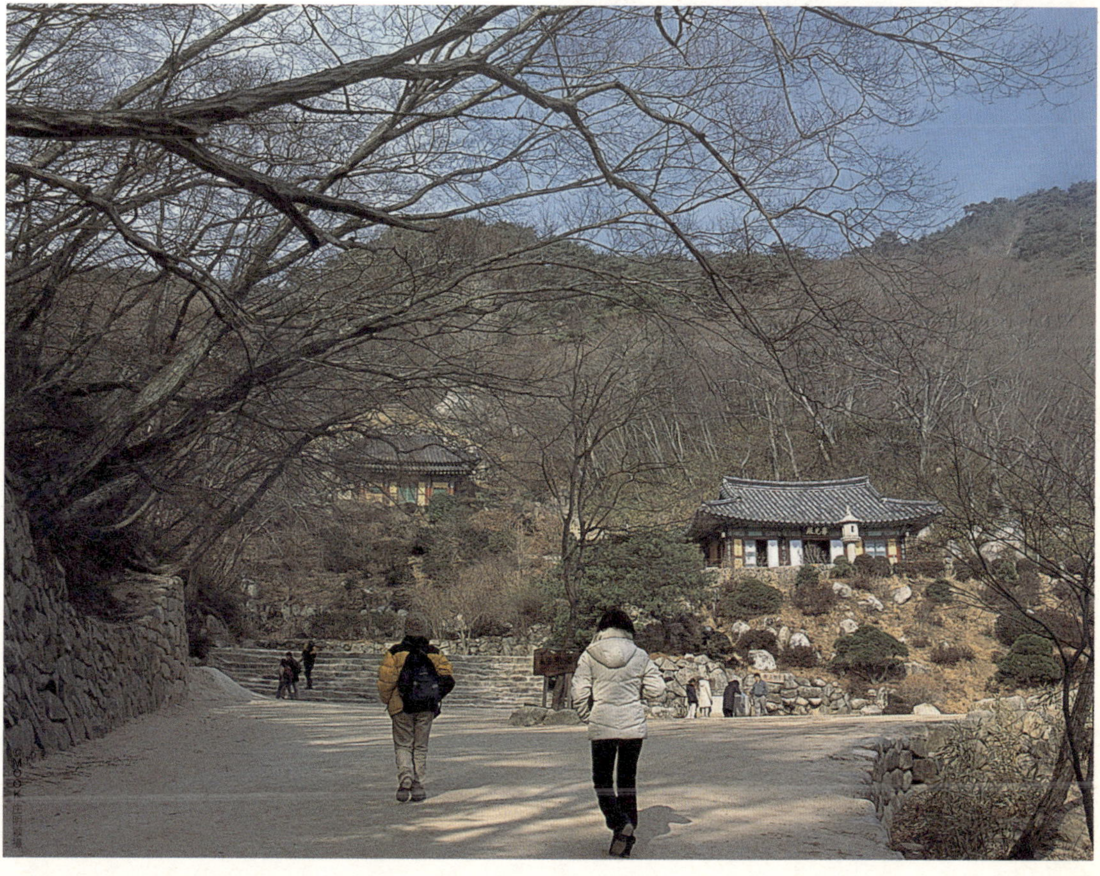

©MOOK 庄明颖摄

石窟庵
석굴암

P.178B3
在佛国寺观光咨询处的停车场，有发往石窟庵的往返巴士
庆尚北道庆州市进岘洞
6：00 ~ 18：00（11月~次年2月7：00 ~ 17：00）
4000韩元
www.bulguksa.or.kr

位于佛国寺东边吐含山上的石窟庵，和佛国寺遥遥相对，1995年被列为世界文化遗产。两寺据文献记载都是由金大城所兴建，然而风格却大异其趣，其用意是要表示今世和前世的含义。

寺庙起源

生长在穷苦人家的金大城靠着帮佣过生活，但他却希望能早点摆脱穷苦人家的日子。一日他梦到一位和尚告诉他若要摆脱现在的生活，必须将家中所有的财产布施出去，他在征求母亲的同意后，将家中所有的财产拿去布施。过了一阵子他生病了，死去时有位宰相家中正好夫人要生产，小孩出生后手中即握着一枚金牌，上面写着“金大城”三字。于是，宰相便为儿子取名为金大城。后来金大城长大成人，为了纪念前生和来世的父母，他分别在土庵山和吐含山的两座山头上，建立了石窟庵和佛国寺。

©MOOK 庄明颖摄

©MOOK 庄明颖摄

©MOOK 庄明颖摄

花岗岩雕刻的珍贵文物

石窟庵是靠人工挖掘的石窟，地面铺着泥土。整个石窟由长方形的前室、通道和巨蛋形的主室构成。前室雕有八部众像、通道的左右墙壁雕有四大天王像，主室的周围则有十大弟子像，本尊的后方则有十一面观音像。

主室供奉着本尊释迦牟尼坐像，像高 3.26 米，跏趺于莲花八角台座上，右手做触地印，表示降魔的意思。眼睛微闭，两眉高挑，额头处以水晶和黄金装饰成白毫，鼻子和嘴巴端正，整体面部表情祥和而庄重。颈部还有三道柔和的雕刻线，僧衣覆盖左肩。整个石窟和佛像皆是以花岗岩雕刻而成，为新罗文化艺术的代表作。

为了保护文物，除了信徒可以入内外，所有游客都只能透过玻璃来欣赏这旷世之作。

©MOOK 庄明莉摄

佛国寺

불국사

P.178B3
庆尚北道庆州市进岘洞
在庆州长途汽车站搭乘 10、11 路，约 30 分钟可达
7：00 ~ 18：00（11 月~次年 2 月 7：00 ~ 17：00）
4000 韩元
www.bulguksa.or.kr

©MOOK 庄明颖摄

佛国寺建于新罗时代，历经 23 年始告竣工。佛国寺建在多层石阶之上，耸立于连绵的山麓之间，与山岩浑然一体。佛国寺内有释迦塔和多宝塔等艺术价值登峰造极的石造建筑，也有许多珍贵的文物展示，是韩国之行中不容错过的游历景点。

©MOOK 庄明颖摄

←大雄殿

佛国寺的主殿为大雄殿，“大雄”之意是赞扬释迦牟尼的大德大悲普天无边，殿内供奉着释迦牟尼佛像，两旁则是弥勒菩萨和羯罗菩萨像。弥勒菩萨是未来佛，羯罗菩萨表现过去，现在、未来的轮回之理，这正是佛教的重要理论。

无说殿和观音殿

无说殿为讲经论道的地方。必须靠语言讲经的地方，却取名为无说殿，是表示修炼到炉火纯青的地步，就不必再说什么了。参观完无说殿后，游客可到右前方的观音殿，向观音菩萨祈福。

→天王门

供奉保护佛法和佛教世界四大天王的门被称为天王门。四大天王分别是手抱琵琶守护东方的持国天王，持剑守护南方的增长天王，握龙守护西方的广目天王，手托宝塔守护北方的多闻天王。

多宝塔

多宝塔又称七宝塔，以纯白色的花岗岩建造而成，正方形的塔基用来表示佛教的基本教理——四圣谛。沿着塔基往上有四座石梯，每座石梯各有十层，表示佛教的十信、十住、十行、十回向。石梯上原本应该各有一座石狮子，在日本殖民统治时期此石梯遭到破坏，全面解体，至今只独留一座石狮子。塔身的上部为八角形，用以表示八正道。

©MOOK 庄明颖摄

©MOOK 庄明颖摄

↑紫霞门和安养门

紫霞门为主殿大雄宝殿的正门，为极乐世界的入门，过门后方可以进入释迦牟尼的世界。紫霞门之前有青云桥和白云桥，上面的 16 级阶梯称青云桥，下面的 17 级阶梯称白云桥，是从俗世通往净土的通道。

安养门为极乐殿的正门，也同紫霞门一样前面有莲花桥和七宝桥，走过此石桥穿过安养门即可进入极乐的净土世界。不过现在列为国宝级的文化遗产，不论是紫霞门还是安养门前的通道皆不能踏入，游客必须从寺院的右边绕道而行。

©MOOK 庄明颖摄

←毗庐殿

毗庐殿是安奉毗庐遮那佛的法堂。毗庐遮那佛为华严世界的本尊佛，它拥有像太阳般广大无边的智慧。供奉的毗庐遮那佛是当时高超铸造技术留下的最好物证。

极乐殿

极乐殿安奉着阿弥陀佛的镏金铜像，这尊佛像为 8 世纪统一新罗时代遗留下来的文物。

据推测原来佛像后方应该有一些装饰，不过今日已经看不到了，但卓越的铸造技术令后人难以望其项背。

庆州博物馆
경주박물관

P.178B3
从庆州站徒步 25 分钟可达
(054)740-7518
9：00 ~ 18：00
成人 400 韩元、青少年（6~23 岁）200 韩元
休 周一

庆州博物馆是以展出庆州地区遗迹、古墓文物为主要内容的大型博物馆，馆藏文物约 5 万件、陈列品 6000 多件，以新罗王朝的艺术品和佛教美术品为中心。占地 6 万多平方米的博物馆，可分为本馆、两个分馆及户外的展区。

仿造新罗时代建筑样式搭建的本馆共有 8 个展览厅，第一部分是史前时代展馆，第二、第三部分是古新罗土器展馆，第四、第五部分是古新罗工艺美术遗产展馆，第六部分是统一新罗遗物展馆，第七部分是金属工艺展馆，第八部分是佛像室。其中最不可错过的是古新罗工艺美术遗产展馆，展出从天马冢出土的新罗王的王冠、耳饰等物品。

从新罗最大寺院皇龙寺发掘的文物，包括从塔址出土的舍利具、土器和骨壶等，也是考古史上重要的发现。菊隐纪念室则陈列着一些私人的收藏品，李养睿（号菊隐）博士以自己独特的眼光，花 30 年的时间将其收集的作品于 1987 年捐给博物馆。作品中以被列为国宝的伽椰时代的骑马人物像为艺术品中的珍品。

第一分馆的古墓馆陈列了天马冢和皇南大冢的遗物，透过这些金光闪耀的金属制品，可知当时新罗全盛时期的繁华景象。第二分馆则为雁鸭池馆，雁鸭池为新罗第三代国王文武王在完成三国统一后所见的宫苑池，当时称为月池。在新罗灭亡后，朝鲜王朝时代的文人墨客因为看到雁鸭在此飞翔，于是将它改名为“雁鸭池”。因为是作为宫廷宴会的场所，所以从池水中挖掘出土的 3 万多件遗物中，多半为宫廷宴客用的物品。

户外的展示馆以圣德大王钟为首，另有从庆州内的寺院所出土的石佛和石塔等约 200 件的佛教遗物。八菱形

©MOOK 庄明颖摄

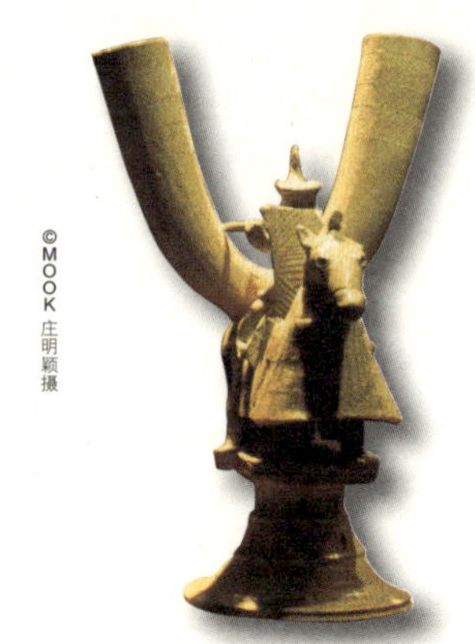

©MOOK 庄明颖摄

构造的圣德大王钟又叫埃美来钟，制造于公元 771 年，是世界上保存最完好的钟。圣德大王钟重 25 吨、高 3 米、厚 24 厘米，敲一次可震动 3 分钟之久。国外的钟一般都悬吊在高处，而该钟却吊在低处。钟里有音箱，靠此音箱的震动来传播声音。

此钟原挂于奉德寺内，传说当年制造此钟时接连失败，遂将一女童投进去熔炼得以成功。而每次敲钟时声响仿若小女孩的求救声“埃美来”，意思为“妈妈呀！（快救我）”，后来人们为纪念死去的小女孩，在此地建了一座奉德寺，一直传到今天。

©MOOK 庄明颖摄

古墓公园（大陵苑）

고분공원(대릉원)

P.178A2
从庆州站徒步 15 分钟可达
8：00 ~ 19：00
1500 韩元

©MOOK 庄明颖摄

天马冢

位于公园最内侧的天马冢于 1973 年被发掘，因出土的文物中，有一件以白桦树皮制成的马鞍上绘有天马的图案，而取名为天马冢。内部以立体解剖图的形式重现新罗古墓——积石木墩墓的构造。据说当时为了防盗，最内层为木棺、一旁为陪葬物，外面则用木墩漆成，再以石头堆成厚墙，最外层则盖上土层。出土的文物计 1.5 万多件，包括新罗王的金冠等珍贵文物，现馆内展示为复制品，真品收藏于庆州博物馆内。

拥有悠久历史的庆州，最引人注目的是古墓群，常可看到在绿地中凸起的墓冢。这些古墓和王陵有许多尚未发掘，庆州政府为了保护这些景观，严格限制周边房屋的高度，不准超过古墓群的建筑，这也让庆州的景致散发出谜一样的气质。

庆州市内的古墓数量高达 676 座，其中又以位于古墓公园的古墓最为密集，50 多万平方米内有 23 座古墓。1976 年建设成为公园，开放供民众参观。这些古墓中除了有一座为新罗第 13 代味邹王 (262~284 年) 的古墓外，其他被葬者的年代尚不可考。

外观气势雄伟的古墓，除了天马冢可入内参观外，其他只能在外欣赏。包括在公园内最大规模的皇南大冢，高 25 米、底边直径达 83 米，由两座坟墓构成。整个公园规划得井然有序，并建有散步道，周围群树围绕，秋天为赏枫的好去处。

瞻星台
첨성대

P.178B3
从古墓公园徒步约 3 分钟可达
9：00 ~ 19：00
500 韩元

位于古墓公园一旁的瞻星台，想必很多人觉得似曾相识，因为它的影像常被作为庆州的宣传海报及邮票的图案。古朴的风格，具有十分重要的历史价值。

©MOOK 庄明颖摄

古代以农业为治国之本，对观测研究天体和自然向来非常重视。建于公元 7 世纪前半叶的瞻星台以 365 块花岗岩堆砌而成，坛基由 12 块大石构成，从坛基到窗户有 12 层，窗户到最上端也是 12 层，用来表示一年有 12 个月的含义，上面的四角形则象征一年有四季。它的原理是利用太阳光照射塔身形成不同的影子，从而计算四个季节。

可从远处观赏瞻星台，也可就近观赏它经过精密推算的石堆。

©MOOK 庄明颖摄

半月城
반월성

P.178B3
从庆州站徒步 20 分钟可达

半月城因形状类似半月而得名，它为新罗的王宫遗迹，建于公元 2 世纪的第 5 代婆裟王时期。王宫以南的南川为自然防卫线，面积近 20 万平方米。据说曾经有许多雄伟建筑，昔日的气派已不复存在，如今只留石冰库和当初建造宫殿使用的石头，周围树木稀疏。

©MOOK 庄明颖摄

位于半月城北部的石冰库，是以花岗岩所盖成的如巨蛋般的石室，据资料显示原来的石冰库建于公元 505 年智证王时，目的是用作夏季的天然冷藏室，作为储存物品之用。不过现在的石冰库则是建于 1741 年的朝鲜王朝时代。

仔细观察石冰库，在石室的上方设有排放水蒸气和促进空气流通的三个换气孔，内部宽 7 米、长 18 米、高 6 米，可说是世界上最古老的冰箱之一。

鸡林
계림

P.178A3
从庆州站徒步 20 分钟可达
9：00 ~ 18：00(11 月 ~ 次年 2 月到 17：00)

©MOOK 庄明颖摄

位于半月城西侧的鸡林，相传为新罗的王族——金氏始祖金阏智的诞生地，充满着神奇的色彩。据说在古时，突然有一天夜晚，朝鲜新罗国昔脱解王听到在树林中传来鸡的鸣叫声。前往察看，结果在大树下发现一金柜。打开一看，发现里面有一个男孩，脱解王把这男孩取名为金阏智，相传这也是金氏祖先的起源。

如今这里绿荫挟疏，森林苍郁，在树林的深处还有第 17 代奈勿王的古墓。

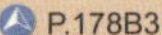
©MOOK

雁鸭池
안압지

P.178B3
从庆州站徒步 20 分钟可达
9：00 ~ 22：00
1000 韩元

©MOOK 庄明颖摄

雁鸭池为公元 674 年新罗文武王模仿新罗的地形图，以临海殿为中心建造的离宫，整个池塘东西最宽有 200 米、南北最长有 180 米，有大小不等的 3 个小岛。可容纳 1000 人的临海殿，主要接待外国使节，并举办宴会。新罗灭亡后，整个雁鸭池则日渐荒芜，昔日的亭台楼阁今日则杂草丛生，只留雁与鸭在此栖息。高丽时代一位诗人

©MOOK 庄明颖摄

©MOOK 庄明颖摄

到此游玩，看到此景便题诗作赋，并将这里取名为雁鸭池。

1981 年庆州政府花费 4 年时间对其进行整修，修好 1200 米的长堤，并将普门湖的水引进来。在临海殿遗迹 7 万平方米的范围内，复建了很多建筑。在修复过程中，又发掘出 3.3 万件文物，现展示于庆州博物馆的第二分馆中。游客还可以沿着池塘边散步，遥想当年歌舞升平的热闹景象。

河回民俗村

하회민속촌

周边景点

庆尚北道安东市丰川面河回里

9：00 ~ 18：00（11 月 ~ 次年 2 月 9：00 ~ 17：00）

2000 韩元

www.andong.go.kr

洛东江呈“S”形蜿蜒流过河回村，若从空中鸟瞰，极像太极的形状，古时也将这里称为莲花浮水形，视为一块大吉之地，此地也是河回假面文化的发源地。

自高丽时代末期，做了工曹典书的柳从惠公到此地以来，此地便人才辈出，如大儒学者谦庵柳云龙（1593 ~ 1601 年），以及对平定壬辰之乱有功的西厓柳成龙（1542 ~ 1607 年）等，这里也成为当时岭南地区极具代表性的文武官员的居住地，顺理成章成为贵族文化与庶民文化融合的区域。

©MOOK 庄明颖摄

©MOOK 单汝诚摄

河回村不仅保存有假面文化，而且完整保留了早期的建筑形式，包括养真堂、忠孝堂等。走进河回，一砖一瓦、一草一木，都让人仿佛穿越时空，回到数百年前的朝鲜王朝时代。

村口的假面博物馆，有相当生动有趣的河回面具展示。此外，每年的 9 月下旬，在河回村都会举办安东国际假面舞节，每每都能吸引众多的游人前来参与。

©MOOK 单汝诚摄

河回面具

©MOOK 单汝诚摄

朝鲜半岛自古以来就存在着许多种类的假面舞，流传到今日，只有南方将假面舞的传统舞蹈、文献资料与工艺技术较完整地保存下来。在庆尚北道安东市的河回村，就是今日假面剧文化保存的重点地区。

这个名为“河回假面剧”的传统艺术，原是为祈求农作物丰收与驱除瘟神疫魔而发展出来的舞蹈。后来演变成庶民对掌权贵族阶级不满的发泄工具，也有用假面剧来表现他们对当权者的批判与讽刺之意的。

河回假面剧的角色可分为狮子、女子、贵族、学者、僧人、文盲、老婆、美人、下人等，传统河回面具的材质是以木头制成，但其他区域也有用韩纸（相当于中国的宣纸）做的，其中贵族、学者、僧人、文盲面具的下颚部分与脸部分开，如此更能强调出喜怒哀乐的表情。

1980 年，河回假面剧被韩国政府列为重要的文化遗产。

釜山

부산

釜山是位于韩国南端的港口城市，拥有 400 万人口。随着 1876 年釜山开港，成为韩国重要的国际贸易港口，并逐渐发展成为韩国的第二大城市。

每年举办的釜山国际电影节、釜山国际艺术节、釜山国际摇滚乐节，让这里每到节庆举办前，总能吸引许多观光人潮，场面热闹非凡。

而这样一个充满活力与多样化的城市，在中心的南浦洞、光复洞有追赶时尚潮流的风貌；在郊外的海云台、广安里有美丽的海滩；在商业区则可以看到韩国传统生活的景象。

A B
1 1
2 2
A B

釜山
N
水亭
德川
龟明
龟南
毛罗
毛德
德浦
沙上
甘田
周礼
冷井
开琴
金海国际机场
釜山西部长途巴士客运站
洛东江
乙淑岛
下端
堂里
新平
沙下
傀亭
大卡
西大新洞
东大新洞
大新公园
札嘎其市场
国际市场
岩南公园
金刚公园
东莱温泉
釜山高速巴士客运站
温泉场
明伦洞
东莱
教大
莲山洞
市政厅
釜山市政厅
杨亭
釜田洞
釜岩
伽耶
东义大学
凡内谷
凡一洞
佐川洞
釜山镇
草梁
西面
门岘公园
釜山火车站
中央洞
南浦洞
光复洞
釜山国际客运总站
龙头山公园（釜山塔）
咸池谷公园
太宗台
神仙台
UN 纪念公墓
釜山市立博物馆
广安里
旧金山
SAN FRANSISCO
海云台温泉
海云台
Aripna

图例
公园
机场
景点
温泉
博物馆
政府机关
巴士站
1 号线
2 号线

实用信息

如何前往

●飞机

从首尔金浦机场有班机可达釜山金海国际机场，需时 1 小时。从国内飞釜山的航空班机可上网或电话查询。

●铁路

从首尔火车站搭乘京釜线火车，在釜山站下车，乘坐新村号约 4 小时 30 分可达，KTX 需 2 小时 55 分钟可达。

●巴士

在首尔高速巴士总站，搭乘往釜山国际客运总站的巴士，需时 4 小时 20 分，车票 1.98 万 ~ 3.23 万韩元。

©MOOK 庄明颖摄

区内交通

●地铁

釜山地铁十分便利，分为 1 号线、2 号线、3 号线，票价一区段（10公里内）700 韩元，二区段（超过 10 公里）800 韩元。

www.subway.busan.kr

●区内旅游巴士

可以一览釜山市内的著名景点，有韩、中、英、日文 4 种导览语言，分太宗台和海云台两条路线，每日各行驶 4 班，需时 4 小时，每条路线费用为 1 万韩元（午餐自理）。

www.busan.go.kr

©MOOK 庄明颖摄

龙头山公园

용두산공원

P.193A2

搭乘釜山地铁 1 号线在南浦洞站下车，从龙头山公园方向出口出去徒步 5 分钟可达。在南浦洞有直达龙头山的电梯可乘坐，遇雨天会停止运行

釜山市中区光复洞

9：00 ~ 22：00

釜山塔门票 3500 韩元

位于釜山市中心的龙头山公园，是 1876 年釜山开港后所建，因为外形像龙头，而有龙头山公园之名。这里是釜山市民最常前往的公园。以釜山塔为中心，四周山清水秀。公园内有用花卉装点成的花时钟，也有韩国人最景仰的李舜臣将军铜像。1592 年丰臣秀吉率领日军从釜山登陆，准备攻打首尔。李舜臣将军率领海军抗击日本军，虽然没有获得胜利，但日军的元气已大伤。在龙头山的李舜臣将军铜像正对着对马海峡，表现韩国人民誓死捍卫国家主权的精神。

高达 180 米的釜山塔可以说是釜山的地标，搭乘只需 40 秒的高速电梯可直达观景台。360 度的观景台从北面可以见到釜山站周围的景色，南面可以见到影岛大桥、光复洞、南浦洞等繁华市区的景象，东面则是大小船只交错的釜山港，西面则是国际市场等区域。除了白天海天一色的景象，晚上港边的夜景更是迷人。此外观景台附近还设有科学展示馆和海洋水族馆。

光复洞·南浦洞

광복동·남포동

P.193A2
搭乘地下铁 1 号线在南浦洞站下车，徒步 1 分钟可达
10：00 ~ 21：00

©MOOK 庄明颖摄

光复洞和南浦洞为釜山青少年最爱逛的两个区域。光复洞因毗邻南浦洞，两个区域没有一定的界线，想要购买韩国流行服饰的游客，只需逛这两区就足够了。

光复洞以光复路为中心，主要为国内和海外名牌的云集之地，这里服饰、鞋子等时尚商品一应俱全。逛累了有不少颇具流行感的餐厅和咖啡馆可以休息。

南浦洞是从光复洞到札嘎其市场、国际市场一带，这里有釜山电影街，紧靠着电影街的是成排的小吃摊，以及众多卖便宜商品的摊贩。

©MOOK 庄明颖摄

国际市场
국제시장

P.193A2
从南浦洞徒步 10 分钟，或搭乘地铁 1 号现在札嘎其市场站 7 号出口
9：00 ~ 19：00
休 每月第一、三个周日

代表釜山热情与活力的，除了港口边交错的船只、光复洞和南浦洞喧嚣的人潮，就是这一最具代表性的地区。

国际市场为釜山最大的市场，位于龙头山公园西侧，光复路与大厅路之间，南北绵延 500 米。

国际市场原是朝鲜战争时为外国军队提供物资的地方，今天这里已经成为出售各种衣物、杂货、家电用品的集贸市场和小吃街。

©MOOK 庄明颖摄

©MOOK 庄明颖摄

©MOOK 庄明颖摄

札嘎其市场
자갈치시장

P.193A2
搭乘釜山地铁 1 号线，在札嘎其市场下车，徒步 3 分钟即到

札嘎其市场卖的全是刚捕捞上来的海货，以三层楼高的旧大楼和六层高的新大楼为中心，周围林立着海鲜摊贩和海产店。摊贩多半是上了年纪的主妇，但却一样精神抖擞有活力。往大楼走去，可感受这里的热情与活力，因为竞争激烈，每家店都使出浑身招数招揽客人。

当然光是看没什么趣味，来到以渔产闻名的地方当然要吃一顿鲜鱼大餐。在大楼外提供有像是夜市般的露天座位，游客挑选好海产品后，店家会马上为游客收拾、烹调，一般到这里的人都喜欢吃生鱼片，将生鱼片包在青菜里，抹上辣椒酱、加上大蒜，就是地道的韩式生鱼片。

不喜欢在市场用餐的人，可到两旁林立的海产店挑选喜欢的海鲜，然后回家烹煮享用。

太宗台
태종대

P.193B2
在釜山站搭乘 8、13、30、88、101 路公共汽车可达

©MOOK 庄明颖摄

影岛和釜山市区以影岛大桥相连接，太宗台位于影岛最南端。在灯塔处有沿着海边而建的散步道，行走其间随处可见断崖绝壁与海天相连的奇景。如果天气好，还可眺望日本对马港，而沿途白色的灯塔更是拍照的绝好背景。游客走走停停、看看海、吹吹风，惬意又浪漫。

从灯塔处顺着散步道往下走，在靠近乘游览船的地方，可以看到一家家摊贩，卖的全是刚从海里打捞上来的新鲜海产品。挑选好你喜欢吃的海产品，摊贩主人随即帮你收拾、烹调，然后配上辣椒酱和芥末，你就可以大快朵颐一番。

©MOOK 庄明颖摄

©MOOK 庄明颖摄

沿着灯塔的散步道徒步约 5 分钟，便可来到瞭望台。此台因为在最高处，所以眺望的视野更广、景色更佳。

广安里
광안리

P.193B1

在釜山站搭乘开往海云台的 40、139、140、240、302 路公共汽车即可到达

由安在旭和金喜善主演的韩剧《再见我的爱》，女主角在得知自己将不久于人世后，和男主角相约到海边游玩，并在那里请摄影师拍下两人的合照，那美丽的海滩就在广安里。

剧中看到的湛蓝的海水、洁白的沙滩，帮游客拍照的摄影师，在这里都找得到。有人喂着成群的海鸟，有人在沙滩上玩游戏，到夏日更是年轻人约会的地方。另外，广安里周围还有很多可以吃到新鲜生鱼片的餐厅。不妨前往这样的餐厅点一盘生鱼片，尝尝独特的韩式海鲜。

©MOOK 庄明颖摄

海云台

해운대

P.193B1

从釜山站搭乘 40、139、140、240、302 路公共汽车，行程约 1 小时，在海云台下车

©MOOK 庄明颖摄

位于釜山东北海岸边的海云台，拥有绵延 2 公里长的细白沙滩，是韩国著名的海滨浴场。一到夏日，整个海滩挤满了戏水的人潮，来此度假，热闹非凡。

沿着海滩聚集了众多的顶级饭店，让人感觉如同夏威夷的怀基基海滩，成为众人梦想的度假天堂。

海云台东边有以欣赏夕阳而闻名的“迎月之路”，沿着迎月之路可到“望月之丘”。此山丘位于卧牛山上，为了让游客更好地观赏海边落日，这里还建了一座观景台。据说情侣夫妻只要在农历的正月十五相约到此处看月亮的话，感情即可长久。

迎月之路沿途有许多和周围浪漫气氛非常吻合的餐厅和咖啡馆，许多情侣在赏月后，喜欢前来品尝咖啡，享受悠闲时光。

全州

전주

全州市是全罗北道道政府的所在地，据传是朝鲜王朝的发祥地，从市中心的客舍和朝鲜王朝时代遗留下来的丰南门、庆基殿等历史遗迹可见过往的风貌。

全罗北道一直是韩国的鱼米之乡，肥沃的平原是孕育农作物的丰饶之地。

全州拌饭闻名遐迩，因它曾为朝鲜王朝时代的进贡菜肴，在钦点龙宠之下，理所当然，全州成了拌饭的故乡。所谓拌饭，食材清淡简单，就是黄豆芽、蕈菇和各式野菜，用辣椒酱隔开菜与饭，饭上放一枚生鸡蛋，一并放在烧得滚烫的石锅或大碗里，用筷子将菜、饭、辣椒酱，沿着石锅搅拌均匀，然后大口吃下，口感丰富。

集韩国饮食精华的韩式套餐，也源自全州。韩式套餐过去是权贵或王室才有机会享用的豪华菜肴，一次20 ~ 30道菜端上桌，没有主菜，每一道菜肴都是主角。

实用信息

如何前往

从仁川机场可搭乘长途巴士前往，或从首尔火车站搭乘全罗线列车于全州火车站下车，用时约2.5小时。也可从首尔高速客运站（地铁3号线）搭乘往全州方向的高速巴士，用时约2小时50分钟。

一～二日行程安排

●登山线路（10月底～11月上旬，内藏山可赏枫）

全州市区（全州韩屋村、客舍、庆基殿、丰南门、韩松纸博物馆）—内藏山—全州市

●赏樱路线（3月～4月）

全州市区（全州韩屋村、客舍、庆基殿、丰南门、韩松纸博物馆）—马耳山／全群樱花道赏樱—全州市

●滑雪泡温泉路线（冬季）

全州市区（韩松纸博物馆、客舍、庆基殿、丰南门）—茂朱度假村（滑雪、泡温泉、住宿）

©MOOK 庄明颖摄

韩松纸博物馆
Pan Asia Paper Museum

P.205 全州图 A1

从全州火车站搭乘蓝线 222、226、333、335、555 号巴士，或橘线 21、28、126、1-5、113-1 号巴士可达

9：00 ~ 17：00

全州韩纸早在高丽时期就相当知名，用树皮制作的纸张，结实不失韧性，吸水性强，除了书写，还被制成各种精致的工艺品。

全州的韩松纸博物馆共有两层展示区，一层以实景实物介绍古代的造纸过程，虽然看似为模型，实则去除纸张水分的池子仍然可以现场示范制纸。为了让游客体验制纸的过程，一层还设有体验专区，小型的制纸区可以让游客从竹筐里摇出纸浆，并用机器瞬间烘干纸张，这些纸张可让顾客带回去留作纪念。

博物馆的二层展示了从 10 世纪到 19 世纪的造纸用纸历史，以及各朝代的纸制品、纸藤编物、纸盒、纸衣服等各项工艺品。同时这里还有大型的纸装置艺术，呈现了韩纸的不同面貌。

©MOOK 庄明颖摄

©MOOK 庄明颖摄

客舍 1 庆基殿 1 丰南门
객사·경기전·풍남문

P.205 全州图 A2、B2
往庆基殿、丰南门：从全州火车站搭乘往道厅和南部市场方向的巴士。往客舍：从全州火车站搭乘往客舍方向的巴士

全州曾是后百济时代的首都，也是朝鲜王朝的发祥地，这样的历史背景让全州人骄傲地认为，全州是君王的故乡。目前，在全州可以观赏朝鲜王朝时代的遗迹，包括客舍、丰南门、庆基殿等。

客舍就位于全州最热闹的购物城前，悬挂有“丰沛之馆”的匾额，因为后高丽时代将军李承桂的故乡是丰县、沛县，遂以此命名。过去每月初一、十五还会举行遥祭君王的仪式。

©MOOK 庄明颖摄

1978 年修复的丰南门是过去全州北、东、南、西四座城门中仅存的一座。由于全罗北道、全罗南道以及济州特别自治道又称为“湖南地区”，全州在过去被称为“湖南第一城”，现在只能靠丰南门上的“湖南第一城”字样，缅怀过去身为重镇的风光。未进庆基殿，就先被门前的拴马石碑挡下，石碑上刻着“至此皆下杂人勿得入”，以彰显国王的威严。庆基殿仍保留过往的建筑架构，以传统韩国人的进殿规矩，中央大门只有神和国王能走。

庆基殿内目前藏有李承桂 1872 年的画像、为移动画像所造的神辇，以及过去保存朝鲜王朝历史实录的石库。主殿旁空地可见葫芦形石塑，那是韩国王室为求子孙满堂、世代交替不绝而将国王脐带以瓷器封好放进石座中而成的石塑，称为胎室碑。庆基殿所存放的是朝鲜王朝时代睿宗大王的脐带。

©MOOK 庄明颖摄

韩屋村
한옥

P.205 全州图 B2
在全州火车站搭乘 111、163 路公共汽车
(063)287-6300
9：00 ~ 18：00
6 万韩元
www.jjhanok.com

©MOOK 郭玮芬摄

韩屋村保存有传统建筑，木、陶手工艺品、酿酒等传统技艺。整个区域保存了 800 多间传统建筑，政府严格规定不得任意更改建筑样式，并拨款协助老房子的翻修。若想经营商店，营业项目也必须和传统文化相关。

游览韩屋村可以从庆基殿为起点，门口有旅游咨询处，可以拿了地图按图索骥。沿途还可参观手工艺博物馆、生活体验馆、酒博物馆和多家茶艺馆。

生活体验馆里的家居摆设以土炕和古家具为主，展示了古朴的生活环境以及传统的投壶、跳板等游戏。团体还可报名参加茶艺学习、拌饭制作、观赏传统音乐会等。喜爱美食的人可学习拌饭的制作，因为韩国的拌饭素来闻名，可谓韩国料理中的传统美食。

韩屋村里最令人印象深刻的是传统酒博物馆，馆主又另取名为“诫盈院”，意指喝酒要适可而止，不要过量、满杯。主人还端出特殊设计的“诫盈杯”，当酒杯不过七分满时一切正常，一过七分，杯子里的酒会满溢而出，有趣的设计令人莞尔又不禁佩服。庭院里还有一座小型的曲水流觞台，酒杯顺水漂流，停留时就需吟诗作对。在这里可以亲自体验制酒的过程，也可购买全州最有名的梨姜酒，利用梨、生姜和姜黄所酿造的酒，有着水果的芳香。

©MOOK 郭玮芬摄

马耳山
마이산
周边景点

P.205 全州周边图 B2
全州火车站前搭乘往镇安方向公共汽车，有固定班次。在镇安长途巴士站有开往马耳山的巴士，约 10 分钟可达
全罗北道镇安郡上田面水东里
门票 2000 韩元 / 人，6 岁以下儿童免费
3 月中旬 ~ 4 月上旬
www.jinan.jeonbuk.kr

游客可从山上塔寺远眺两山巅犹如马耳的马耳山。这里是全州最佳的赏樱地点。沿着和缓的坡道，两旁植满了樱花树，3 ~ 4 月樱花时节，绵延 700 米的坡道樱花绽放，随着微风樱花落英缤纷，景致迷人。

韩国人赏花喜欢成群结队，嬉笑打闹，手上捧一杯蒸熟的银杏或栗子，随性且尽情地享受自然美景。

马耳山塔寺就位于樱花步道的终点，这座塔寺不同于以砖石水泥砌成的塔寺，而是以石头堆叠成一个个大小

©MOOK 牛明颖摄

不一的石塔。相传1885年一位名为李甲龙的修士，花了近30年时间将其叠制而成，据说其中堆叠天地塔等主塔的石块，采自韩国名山之中，集聚神妙之气，这些看似自然堆叠的石塔，运用了阴阳之法和八阵图法的原理。

正如传说之神奇，这座塔寺在强风之下不易坍塌，冬天在塔上淋上一碗水祈祷，水也会因寒冷的气温瞬间形成冰锥。

现今塔寺正殿里供奉着释迦牟尼佛像，主塔外塑有李甲龙的肖像。全州的登山客，除进正殿礼佛参拜外，也会沿路捡拾石块，一边堆叠成塔，一边祈福许愿，不妨跟着试一试。

内藏山

내장산

周边景点

P.205 全州周边图 A2
从全州乘直达公车，用时约 1 小时
国家公园管理处内藏山管理办公室 (063)538-7875
国家公园门票 1600 韩元、内藏寺文化遗产管理费 1600 韩元、白羊寺文化遗产管理费 1800 韩元
主峰：内藏寺主峰为神仙峰，白岩山主峰为狮子峰
高度：神仙峰 722 米、狮子峰 763 米
面积：国家公园占地 71 平方公里
丹枫走廊路线：
国家公园停车场—步行约 20 分钟—羽化亭—步行约 3 分钟—缆车站 / 游客中心—搭缆车约 3 分钟— 望亭
缆车站 / 游客中心—步行约 3 ~ 5 分钟—内藏寺山门—步行约 15 ~ 20 分钟—内藏寺

北雪岳、南内藏，这两座国家公园山区的枫叶美景，是韩国人绝对推崇的两个赏枫地点，其中以内藏山的丹枫走廊最让韩国人为之倾心。从国家公园入口一直到内藏寺的步道两旁植满了枫树，春夏绿荫凉爽，秋季枫叶红遍，宛如火烧的枫叶美景让许多游客驻足赞叹。

除与北部雪岳山齐名之外，内藏山也与韩国南部的智异山、月出山、天冠山、内边山同为五大名山。位于全罗北道的内藏山国家公园分为两个地区，接近全州和井邑市的是内藏寺地区，以白岩山区为主的是白羊寺地区。

从国家公园入口处开始，沿着溪边可见成排的枫红摇曳，内藏山的枫叶颜色较深，叶片较小。枫红季节一到，周末上山的游客数高达 4 万人次，附近旅馆一间难求，更别提从山脚下塞上四五个小时才抵达公园入口处的大车潮。

主要步行路线从停车场一路沿着公路走到羽化亭、游客中心，搭乘缆车俯瞰内藏寺地区，从游客中心一路至内藏寺就是著名的丹枫走廊，全程需时约 1 小时。

羽化亭

建在池塘上的羽化亭，造型简洁，圆形的亭子，由六根柱子支撑。据传亭子曾经突然长出翅膀飞离池塘，现在所见的亭子是后人重建的。坐在亭中，望着池边美景，别有一番情趣。

©MOOK 庄明颖摄

内藏寺

内藏寺于公元636年由灵隐祖师创建，当时称为灵隐寺。经过朝鲜王朝时代的焚毁、重建，1958年由寺庙住持茶泉重新整修大雄宝殿，1971年内藏寺也被纳入内藏山国家公园区域范围内。

©MOOK 庄明颖摄

内藏寺山门

一般佛教寺庙皆有山门，山门是象征着世俗与佛门的界线，一旦走进山门如同进入佛门净地。从内藏寺山门一直到真正进入内藏寺前的枫林步道，就是著名的丹枫走廊。这片枫林是庙方种植的，总计有108棵，代表108个烦恼，走过此步道，就可将所有烦恼抛诸脑后。

全群樱花道

전군도로벚꽃백리길

周边景点

P.205 全州周边图 A1

从全州搭乘高速巴士往群山方向，车费约3600韩元。由于樱花道是两城之间的联外道路，若想好好欣赏，可搭乘出租车中途下车

3月中旬～4月上旬

以樱花大道连接两座城市，听起来就十分浪漫。

从全州前往群山约10公里路程，沿途的行道树多为樱花树，每年三四月，两旁争相怒放的樱花，白晃晃地夺人眼球。在邻近群山的路旁，夹在铁道和公路之间的樱花树下，还铺上自行车道，虽不长，但有机会能骑着自行车迎着樱花雨，也十分惬意。这里是韩国西南部著名的赏樱景点。若时间充裕，在落樱时节来到全州，别忘了来全群樱花道一游。

©MOOK 庄明颖摄

茂朱度假村

Muji Resort

周边景点

P.205 全州周边图 B1
全罗北道茂朱郡雪川面深谷里 43-15
(063)322-9000
吊椅含缆车费 6.3 万韩元、半天 4.9 万韩元。滑雪装备出租费用：滑雪白天 1.8 万韩元、半天 1.3 万韩元，滑雪板白天 3.3 万韩元、半天 2.8 万韩元
www.mujuresort.com

说起韩国滑雪度假村，茂朱度假村的顶级设备绝对是个中翘楚。以德裕山国家公园为依托的茂朱度假村，以奥地利的建筑风格和广阔的面积吸引欧美的游客。因它涵盖的区域非常广阔，所以一般要靠专车往来饭店、餐厅与滑雪场间。

度假村的房间是家庭式的度假屋，房间以木制的火坑地板和桌椅营造出温馨的感觉。备有西式床铺、电视机和齐全的厨房设备。这样的设备，当然最适合一家人或一群朋友聚在一起聊天吃东西了。所以度假村内除有商店外，在邻近滑雪场的嘉年华购物商场（Carnival Shopping Mall）更有各类超市。买几碗韩国的泡面，一群人围聚在一起当夜宵吃，格外够味。

嘉年华购物商场还有服饰店、滑雪用品店、运动用品店、餐厅及舞厅、卡拉 OK 等。

除此之外，这里的餐厅也让人津津乐道，提供韩式、西式、日式等多样化的美食。还有网球场、足球场、篮球场，以及包括有海盗船、迷你高尔夫、滑水板等趣味设施的儿童自然乐园（Kid' s Natural Land）。搭乘缆车登上 1522 米处登高望远，享受户外的温泉设施都是度假村的休闲娱乐项目。

而像这样国际级的滑雪度假村，拥有包含了初级、中级、高级共计 32 条滑雪道。特别是夜晚的照明设备，让喜欢急速滑行的滑雪高手，尽情享受风驰电掣的快感。

©MOOK 陈美枝摄

©MOOK 陈美枝摄

©MOOK 陈美枝摄

光州及周边

광주및주변

光州是全罗南道的首府，全罗南、北道的饮食特色首推传统的“韩式套餐”，通常以 4 人为一桌，享用约 30 ~ 40 道菜，主要是利用各地特殊的山菜、海鲜所制成。

全罗南、北道盛产竹子，因此竹筒饭、竹笋料理成了主要菜色。另外，酱螃蟹、橡子豆腐也很有特色。橡子豆腐以橡树的果实为原料，口感更为软嫩，据说需要特殊技术才能制成。

从光州往东可到潭阳，这里的文化氛围浓厚，有“韩国诗歌文学现场”之美誉，著名文人如宋纯、松江郑彻等都曾在这里笔墨生花。

感受潭阳的文学底蕴，一定要到韩国文化园林的代表“潇洒园”去。具有 500 年历史的潇洒园，占地 3.3 万平方米，园中山水秀丽，尽显儒雅之风。

实用信息

如何前往

大韩航空及韩亚航空每日有飞往首尔—光州的航班，需要1小时；也有飞往光州—济州的航班，需要50分钟；也可搭乘火车或高速巴士湖南线至光州，需要约4小时。

区内交通

可搭乘地铁，自早上5：30～24：00，平均每8～10分钟一班车。

©MOOK 郭玮芬摄

光州艺术街
광주예술의거리

从光州机场搭5、6、105、555、1000号巴士，约25分钟可达

光州中央路

光州艺术街是一条长约300米的街道，两旁尽是画廊和手工艺品店，在这里可以发现以天然染料着色的改良式韩服专卖店，还有木雕、皮雕、陶制品店，更多的是美术用品社、毛笔店，具有传统风格的韩纸、面具及纸扇也随处可见。

喜爱古董的人可以选在周六拜访艺术街，因为这里有全韩国唯一的古董跳蚤市场，而且周六时整条街会辟为行人徒步区，加上不定期举办的艺术活动，逛起来别有一番情趣。

©MOOK 郭燕如摄

©MOOK 郭燕如摄

©MOOK 郭燕如摄

韩国人有多喜欢泡菜，从光州每年举行的泡菜节便可知晓。自 1994 年举办的第一届光州泡菜节起，每年 10 月中旬都会如期举行，已经成为一个国际性的庆典，每年吸引众多国内外游客一起共襄盛举。活动内容也越来越丰富，从静态的泡菜展示到动态的制作泡菜体验，就是要让游客沉浸在泡菜的多变世界中。

光州泡菜节现场展示各种以泡菜制作的料理，从泡菜鱿鱼、泡菜南瓜盅到泡菜水果盅……让你对泡菜大开眼界。

有时候会让游客体验亲手做泡菜的感觉，有时候是让游客品尝大锅炒的泡菜煎饼，更多的是来自各地的酱菜腌料，还有各种蔬果做成的泡菜。深浅不同层次的红点燃了每个人对泡菜的兴致，还有专门用来保存泡菜的冰箱展示。

以丰富物产著称的光州，当地产的泡菜加入大量的鱼酱与调味料腌制，口味浓郁。泡菜工厂将当天送达的新鲜大白菜，用报纸包装保持干燥，再经过冲洗、剖半、抹海盐、洗涤、晾干、抹上调味酱、冷藏、发酵等繁复的过程，才完成泡菜的腌制，成为美味的泡菜，送到各餐厅及卖场。

©MOOK 郭燕如摄

乐安邑城民俗村

낙안읍성민속마을

周边景点

P.214B1

在顺天市内搭 63、68 路公车可达

9：00 ~ 18：00

(061)749-3347

成人 2000 韩元

www.nagan.or.kr

©MOOK 郭玮芬摄

乐安邑城民俗村是了解古时平民生活与村落布局的好去处。这座保存良好的朝鲜王朝时代的古城，不仅城墙完整，城内的官舍、民宅的布局亦完好如初。一般民居是方形茅草屋顶的土砖屋，官舍则以木造青瓦为主，而且占地广大。现在仍有 180 户居民居住于此，每年农历一月十五、五月和十月都会举办盛大的民俗活动。韩剧《大长今》便有多处场景在此拍摄完成。

©MOOK 郭玮芬摄

©MOOK 郭玮芬摄

©MOOK 郭玮芬摄

松广寺
송광사

P.214B1
在顺天市火车站搭乘市区旅游巴士前往
3～10月6：00～19：00、11月～次年2月7：00～18：00
(061)755-0108
参观门票 2500 韩元
www.songgwangsa.org

©MOOK 郭玮芬摄

由潭阳往东南到交通枢纽顺天，可前往佛门圣地松广寺和乐安邑城民俗村。韩国的佛教起源在全罗南道，约为中国东晋时期，僧侣摩罗难陀从南端的灵光群法圣浦港传入，因此全罗南道有多座重要寺庙，其中以禅宗的松广寺以及教宗（原天台宗）的仙岩寺最为著名。位于光州东南边的松广寺附设有佛学大学，是培养佛学大师的摇篮，曾因培养出 16 位大师而享有盛名，其中包括使佛教平民化的重要人物普照国师。

©MOOK 郭玮芬摄

寺庙虽有 1200 年历史，但古建筑却在战争中遭焚毁，战后又全部重建，仿古重建的寺庙仍洋溢着隆重庄严的气氛。因松广寺附设佛学大学，拥有众多学徒与信众，到了夏季这里每日的用餐人数超过 300 人。

松广寺属于讲究顿悟的禅宗，必须经过 1 年行者、4 年佛法学习后才能认师门进行参禅，参禅修行的方法是“话头禅”，由师父随时点化，以免走火入魔。僧侣们恪守律法，每日学佛参禅 12 小时以上。现在有多位来自俄罗斯、英国等外籍僧侣在此求法。在这里也能参加山寺体验住上一宿，与僧侣们一同作息、用餐、学法、讲经。

潇洒园

소쇄원

周边景点

P.214B1
在光州搭乘 125 号巴士，在潇洒园下车
潭阳郡南面芝谷里 123
(061)380-3150
9：00 ~ 18：00
每人 1000 韩元
www.damyang.go.kr

韩国园林与中国北方园林类似，以自然景致取胜，园区较广。以潇洒园为例，占地约 3.3 平方米，园内共有 80 多座亭台楼阁，不幸的是大部分已被烧毁，目前仅存面积为 4620 平方米、28 个亭台。依据园林与建筑功能，每个园林景点都有特别的名称与意义，例如爱阳坛便是当年的主人梁山保时常与父母一起享受暖暖冬阳的地方。接待客人的光风堂与主人休息的霁月堂相互辉映，从两者的吊门也可看出韩式建筑空间运用的巧思。曾有诗人赋诗咏叹潇洒园 48 处迷人的景色，有兴趣进一步了解韩国文化的诗词与园林等背景资料，可顺道参观潇洒园西北方约 500 米处的诗词文学馆。

©MOOK 郭玮芬摄

济州特别自治道

제주특별자치도

济州特别自治道位于韩国最南部，作为韩国政府2006年建立的首个特别自治道，拥有得天独厚的地理条件和如诗如画的迷人景致。济州岛是这里的主要岛屿，风景秀丽，素有“韩国夏威夷”的美称。韩国三大名山之一汉拿山，四面环海，奇岩、怪石、瀑布和旅游景区交相辉映。因此来这里的游客络绎不绝，岛上著名的景点还常被作为韩剧的热门拍摄地。

©MOOK 周治平摄

济州特别自治道

A B

1

梨湖海水浴场
五日市场
海钓
海岸道路
玄沙码头
济州国际机场
金宁迷路公园
万丈窟
牛岛
城山日出峰
神秘道路
韩化度假村
森林隧道
汉拿山国家公园
济州民俗村博物馆
济州雕刻公园
如美地植物园
独立岩
蚊岛
泰迪熊博物馆
中文海水浴场

2

图例 景点 公园 机场 博物馆 国家公园

A B

实用信息

如何前往

●飞机

由首尔、釜山搭乘大韩航空或韩亚航空可抵达济州国际机场。中国国内往返济州岛航班，请电话或上网查询。

区内交通

无法步行参观，各景点间需搭公共汽车或租车参观。

一日行程安排

1. 万丈窟 - 城山日出峰 - 牛岛 - 韩式 SPA
2. 玄沙码头海钓 - 城山日出峰 - 牛岛 - 海岸道路赏夜景
3. 神秘道路 - 如美地植物园 - 泰迪熊博物馆 - 独立岩

泰迪熊博物馆
테디배어박물관

P.219A2
(064)738-7600
9：00～19：00
6000 韩元
www.teddybearmuseum.com

©MOOK 周治平摄

整个博物馆到处都是可爱的泰迪熊，可以让泰迪熊迷们一饱眼福。这间博物馆分为几个主题区，以泰迪熊出场演绎人类历史上的重大事件，例如登陆月球、泰坦尼克号沉没、发现秦始皇陵……惟妙惟肖，令人忍俊不禁。

艺术馆中充满令人惊奇的创意与幽默，泰迪熊不时化身为《蒙娜丽莎的微笑》、凡·高的自画像等。有时它们还能够作一场服装秀，全身上下穿着 LV 品牌服装。

室外到处是泰迪熊雕塑，你可以在小熊家族旁边吃烤乳猪，或者陪熊父子一起钓鱼。

逛累了就到室内去喝茶，歇歇脚，或到礼品店逛逛。这里有各式泰迪熊卡片、玩偶、笔记本、相框、T 恤，还有可以自行 DIY 缝制的小熊，大人孩子都无法把视线从这里挪开。

©MOOK 周治平摄

©MOOK 周治平摄

五日市场
전통오일장

P.219A1
老衡洞
每月的 2、7、12、17、22、27 日都有集市，时间约从早上六七点到日落

济州岛每五日会有传统集市举行，许多是当地的老婆婆将自种的农产品拿来出售，价格便宜实在，不仅受当地人喜爱，现在也有许多游客前往淘宝。

五日市场占地广大，分为蔬果、鱼肉类、服饰及花草销售等，还有一些自制的地道甜点、小吃，也有人参、现烤海苔、泡菜酱料，甚至是受游客喜爱的柚子茶，应有尽有，但一般不能杀价。

©MOOK 周治平摄

©MOOK 周治平摄

©MOOK 周治平摄

因为五天才有一次集市，市场上人潮众多，在入口还有出租车排班等待。从药材到日常用品，在这里不管吃的用的，都更贴近济州岛人的生活。

如美地植物园

여미지식물원

- P.219A2
- (064)735-1100
- 3月～9月8：00～18：00，10月~次年2月8：30～17：30
- 门票6000韩元、游园车1000韩元（绕园区一圈约10～15分钟）
- www.yeomiji.or.kr

©MOOK 周治平摄

占地约 12.2 万平方米的如美地植物园，分为温室及户外区，五个温室植物园区分别为花蝶园、水生植物、仙人掌、热带生态及热带水果区，一进门从左起，即可将五个园区依序参观完毕。

花蝶园主要是以兰花的种植为主，水生植物园里有三大水池，开满热带睡莲，仔细观察还会看到美丽的蝴蝶及绿蛙悠闲停驻。

济州岛产的仙人掌常用作沐浴用品及传统甜食，游客在岛上很少见。在仙人掌区内，可以看到各种形状、颜色的仙人掌展示。济州岛的热带水果非常珍贵，芒果、火龙果、荔枝等在那里的身价不菲，因此热带水果的展示区自然对韩国人来说相当特别。

室内区的中央有一个观景电梯，上观景台可以 360 度全览整个园区，甚至可将周围的山峦、大海及度假村尽收眼底，是游客来到这里不容错过的赏景地点。

户外园区占地辽阔，建造了韩式、日式、法式及意式的庭园，逛累的游客可以在门口搭游园车，将整个户外园区绕一圈。济州岛的天气变化频繁，雨天时这里就成了最热门的观光景点。

海钓

어업

P.219A1
从玄沙渔村的码头登船，在登船口有租船处
玄沙码头
租一艘船约 9 万韩元，加上船长共坐 8 人，游船时间约两小时

环海的济州岛周边大小岛屿加起来共计 62 个，潜水、驾船、钓鱼等水上娱乐活动相当丰富，而附近海域有充裕的鱼类资源，更成为钓鱼人士的天堂，一年四季都可以享受到垂钓的乐趣。

©MOOK 周治平摄

一般游客都喜欢参加海钓活动，体验鱼儿上钩的快感。船家已将钓竿、鱼饵等工具备好，唯一需要你做的就是眼明手快。将钩子挂上小虾米投入水中，不一会儿就会感觉有鱼在扯动渔竿，慢慢往上收线，一条鱼就钓上来了。方法简单，鱼又容易上钩，返航时每个人都满载而归。

接下来将钓到的鱼做成美食——吃生鱼片成为活动的高潮。蘸上一点芥末酱的生鱼片，入口滑嫩，完全没有腥味，让人忍不住要狼吞虎咽一番。

©MOOK 周治平摄

©MOOK 周治平摄

海岸道路

在北部沿海的道路上，有成排的海鲜店及咖啡馆，适合晚上来此品尝海鲜后，在岸边观赏济州夜景，有些海岸还将彩灯打在岸边的石头上，不时还有人在一旁燃放鞭炮，好不热闹！

©MOOK 周治平摄

万丈窟
만장굴

P.219B1
济州特别自治道北济州郡旧左邑东金宁里山 7-1
(064)783-4818
11 月 ~ 次年 2 月 9：00 ~ 17：00，3 月 ~ 10 月 9：00 ~ 19：00
成人 2000 韩元、优惠票 1000 韩元
往返参观需时约 1 小时

©MOOK 周治平摄

济州岛由火山喷发形成，岛上不但有许多火山岩，更有数不尽的火山地形。万丈窟即是火山喷发时，熔岩流经所形成的熔岩洞。总长约 13 公里的万丈窟，目前只开放其中的 1 公里，内部略为阴暗，即使炎夏时分，洞窟仍相当凉爽。若是经过大雨洗礼，雨水会渗入地底，造成洞内滴水不断，建议可以带把雨伞随行。

进入洞中可见四周由熔岩侵蚀留下的痕迹，到 600 米处有一个状似乌龟的火山岩，这块岩石貌似济州岛，中间的汉拿山清晰可见。在洞窟尽头是熔岩堆积的石柱，时而可见蝙蝠穿梭其中，加上周围打上的彩灯，为石柱增添了不少神秘色彩。

龟状火山岩©MOOK 周治平摄

©MOOK 曾秀铃摄

蚊岛

문도

P.219B2
济州特别自治道西归浦市天地渊龙 500 米内侧
(064)732-6060
www.submarine.co.kr

蚊岛既是济州岛闻名世界的潜水场地，也是观光潜水艇的远行区。这个海域有着丰富的海洋资源，吸引了许多海内外人士前来游玩潜水或者钓鱼。不谙水性的人也不必望洋兴叹，可以搭乘潜水艇一览美丽的海底世界。

10 米深的水下，漂浮的海藻里藏着身形娇小的鱼儿；到了 20 米的地方，到处是成群悠游的热带鱼鲜艳夺目。在潜水员的操作下，不时有追随的鱼群出现在窗外，吸引游客忍不住按下相机的快门；30 米处的鸡冠花珊瑚群则会带给游客更大的惊喜，在灯光照射下，它们变换色彩，令人惊呼不已。整整 120 分钟的行程，让每个人都意犹未尽。

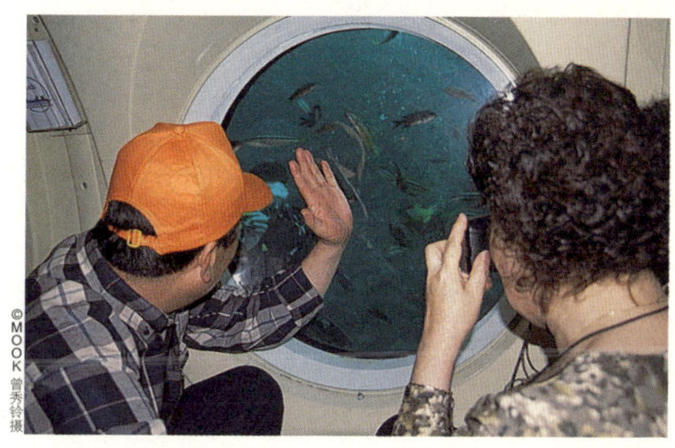
©MOOK 曾秀铃摄

汉拿山国家公园

한라산국거공원

P.219A2

从济州长途巴士站搭乘开往御里木、灵室、城坂岳的长途巴士可达

入山时间 5：00~10：00，御里木登山路至 14：00，入山时间依季节而略有调整

(064)713-9950

www.hallasan.go.kr

汉拿山是济州岛的最高峰，海拔 1950 米，位于济州岛中央。

10 月枫红季节，各种变叶木已经换上新装，红的、黄的色彩夹杂着绿色，缤纷美丽，这时是登汉拿山最好的季节之一。共有灵室、御里牧、观音寺、城坂岳四条主要登山路线，前两条不需专业登山用具就可到达山顶。

虽说是普通的登山路，长 4.7 公里的山路一路往上爬，还是让每个人气喘吁吁。不过沿途景观变化多端，一会儿是木头栈道，一会儿是黑色的火山岩步道，步移景换，十分有趣。

下山可走灵室线路，长 3.7 公里，沿途可见瀛洲十景之一的灵室奇岩。路上层层叠叠的奇石峭壁铺展开来，前来观赏的游客络绎不绝。

©MOOK 郭燕如摄

©MOOK 郭燕如摄

城山日出峰

성산일출봉

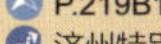

P.219B1

济州特别自治道南济州郡城山邑城山里

5：00 ~ 19：20（依季节有所变动，约是日出前一小时开放，日落一小时后关闭）

成人 2000 韩元、优惠票 1000 韩元，收票亭关闭后不收门票

沿途没有遮蔽物，登山往返约需 50 分钟，建议可以打伞或戴帽子上山

位于济州岛东部海岸的火山，远看火山口的模样一目了然。这座山因能欣赏日出的美丽景致而闻名，但济州岛的天气不定，游客大多是来此观景。登上山顶后就是火山口，被青葱的草地覆盖，山顶的一边是无垠的海洋，一边是济州市区的景色，山区美景吸引无数游客驱车前往，韩剧《我的女孩》也曾在这里取景。山下靠近海岸边有一个个的小洞穴，这并非天然的海蚀洞，而是第二次世界大战时挖掘的山洞，全韩国约有 700 多个像这样的洞穴。在山脚下的餐厅，提供新鲜的海鲜大餐，一边用餐一边观赏海景，不失为一个好的选择。

©MOOK 周治平摄

©MOOK 周治平摄

©MOOK 周治平摄

©MOOK 周治平摄

石头爷爷

由火山岩雕刻成的石头爷爷，凸凸的眼睛，一双手置于胸前，是济州岛的守护神。为了保护岛上的火山岩，游客禁止携带济州岛上的火山岩出境，但若是由火山岩刻成的石头爷爷纪念品则不在此限。

©MOOK 周治平摄

牛岛
우도

P.219B1
由城山港搭船至牛岛约 15 分钟
往返船票加上岛上观光费成人 5500 韩元，环岛一圈巴士费成人 5000 韩元
岛上观光及往返船程约需 3.5 小时，一上岸就有观光巴士可供搭乘

牛岛是济州岛北部最小的一个岛屿，岛上约有 600 多户人家，有一所中小学合并的学校。这里是韩国人两天一夜的度假胜地，当地人将车开上船，到岛上后就直接出游并住在当地的民居。

牛岛著名的观光景点包括牛岛峰、龙洞、牛岛博物馆及珊瑚海水浴场，岛上的观光巴士会依顺序绕行，等游客参观完再前进到下一个景点。牛岛峰是岛上观光的第一站，有灯塔展示；龙洞是一个海蚀洞，夏天这里有音乐比赛，退潮时洞内可容纳1000人在此聆听天籁。洞内凉爽，里面一座座搭建起来的小石头塔，代表一个个的心愿，因传说只要许愿后将小石头放在洞内，愿望就会实现，因而形成成堆的石头塔景观。

©MOOK 周治平摄

©MOOK 周治平摄

©MOOK 周治平摄

牛岛博物馆原是小学的校舍，改为博物馆后，一楼陈列了陨石、化石及矿石；二楼是当地居民用品展示。最特别的莫过于牛岛的门了，因为以前岛上没有小偷、乞丐，所以屋子入口只用三根木头隔着，防止牛马进入，后来门上的木头数逐渐演变成主人留下的信息：一根木头代表主人马上回来；两根木头代表上工去，晚点回来；三根木头代表出远门了，非常有趣。

珊瑚海水浴场是韩国唯一的珊瑚沙海滩，洁白的沙滩、绵延的海岸，吸引了许多人在这里做日光浴、戏水。值得注意的是这里的沙子很珍贵，游客离开时不能带走岸上的珊瑚，甚至鞋底卡着的珊瑚沙，还会有司机师傅提醒游客清掉。

从前牛岛居民是接雨水作为生活用水，现在还能看到屋顶有一个个水管连接下来的奇景，后来岛上利用净化海水的方式为居民提供生活用水。牛岛有传统的民居供游客住宿，一家六口的房子不供餐约13万韩元，还设有客厅、卧室，游客可以体验睡在火炕上的乐趣。

珊瑚海水浴场©MOOK 周治平摄

独立岩

외돌개

P.219A2
从西归浦市搭乘到独立岩的车，车程约 5 分钟

如果是《大长今》的影迷，有几个地点不容错过，那就是矗立于海上的独立岩和西归浦市的天地洞（又名老婆石）。沿着独立岩步道步行约 10 分钟，可遥望远方大海，长今就是在这里下定当医女的决心，而这里美丽的风景也会让你不虚此行。

©MOOK 周治平摄

神秘道路

在济州岛有一段十分受欢迎的道路，每到这里汽车都会熄火，让车子自行缓缓上坡，这段路就是神秘道路。沿途的商家还提供罐子，让游客试验水罐向上滚动的乐趣，可能是错觉，也可能是磁场所致，就待游客亲自来体验。

热气球
열기구

(064)732-0300
2.45 万韩元
www.ballooning.co.kr

©MOOK 曾秀铃摄

宽22 米、高 32 米的热气球，从地面上看简直是个庞然大物。当你登上吊篮，随着热气球直上云天的时候，可以尽览西归浦和汉拿山的美景。

乘坐热气球升空游览受天气影响不大。在热气球上看日落、赏夜景，甚至在冬季下雪时欣赏雪景，绝对是一种与众不同的体验。

©MOOK 曾秀铃摄

©MOOK 曾秀铃摄

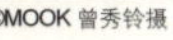

济州美食

烧烤黑猪肉

黑猪肉是济州岛的特产，烧烤黑猪肉是将大块原味的猪肉放到烤盘上烤，再由服务人员切成小块烤熟后，用生菜包起来，加上芝麻油、调味酱即可入口。若是腌好的猪肉，待烤熟后直接包着生菜吃，又是另一番滋味。烧烤原味及腌制黑猪肉各一份，再附上6道小菜，价格约为2万韩元。

©MOOK 周治平摄

©MOOK 周治平摄

鲍鱼石锅拌饭

以鲍鱼配上银杏、松子、人参、大红豆、栗子、红枣等，一上菜就可以开始拌饭，配上济州有名的海胆汤及可续盘的多样小菜，满桌的海鲜珍味令人垂涎。

生鱼片

韩国的生鱼片种类繁多，吃法更是特别。将鲜鱼蘸酱油、甜辣酱后，包生菜或芝麻叶吃，独特的吃法，鲜甜美味的口感融合芝麻叶的香气，令人赞不绝口。

©MOOK 周治平摄

©MOOK 周治平摄

海胆汤

将海带用麻油快炒，再与海胆一起煮熟，海胆搭配清甜的海带汤，吃起来爽口不油腻。

©MOOK 周治平摄

涮野鸡肉

将鸡肉置于烤盘烧烤，烤熟后先品尝鲜嫩的鸡肉，待烤盘上的肉都吃完后，餐厅会再换上汤锅，将切成薄片的鸡肉放进锅中涮几下，再与锅中的菜一起蘸上作料入口，鲜甜的味道在口中化开，满是幸福的滋味。

©MOOK 周治平摄

韩化度假村

한화리조트

P.219B1

(064)725-9000

6：00～23：30

4.5 万韩元

现场备有泳装，也可自行携带

©MOOK 周治平摄

在韩国做SPA是穿泳装的，因此男女可以一起享受这一使身心畅快的疗程。每个地方的疗程略有不同，在韩化度假村就加入了济州岛特产的火山泥和牧草疗程，一次的疗程仅限10人，分梯次，需同时入场。开始时先沐浴然后换上泳装，疗程分水疗按摩、氧气室、牧草浴、玄武岩蒸气屋几个环节，需依次进行，整个疗程约需两小时。这里的水疗池有自头到脚不同的SPA水柱，做完SPA再使用浮具让身体漂浮在水上，记得让身体伸展开，并将耳朵浸入水中，聆听轻柔的乐声。

接着到氧气室呼吸牧草味道的纯氧，享受牧草浴促进身体的新陈代谢。最后进到玄武岩蒸气屋，先搽上火山泥、喝上一瓶维生素C饮品，接着蒸气慢慢地跑出来，将毛细孔蒸开后，促进废物的排出。疗程结束时会从屋顶降下清水，除能将火山泥洗净外，也为本次SPA体验增添了许多趣味。

玄武岩屋外即是香草花园，园中的小庭园供应泡好的花草茶，为顾客提供休憩和谈天之地。

©MOOK 周治平摄

©MOOK 周治平摄

新豐樓
華城行宮

索引

景点

首尔

江原道

南部大城

美食

首尔

南部大城

购物

首尔

住宿

首尔

游客服务中心

Step by Step 一看就懂旅游图解

自助游世界系列

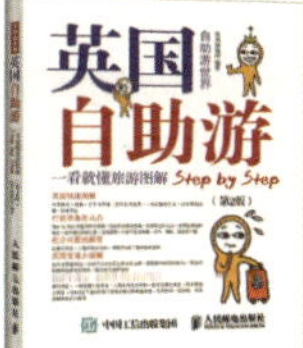

百科全书宝典式自助游攻略

完全制霸系列

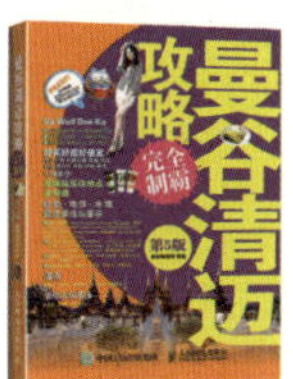

每一天都有新发现

精华景点＋交通方式＋地图＋时间

Day by Day 系列

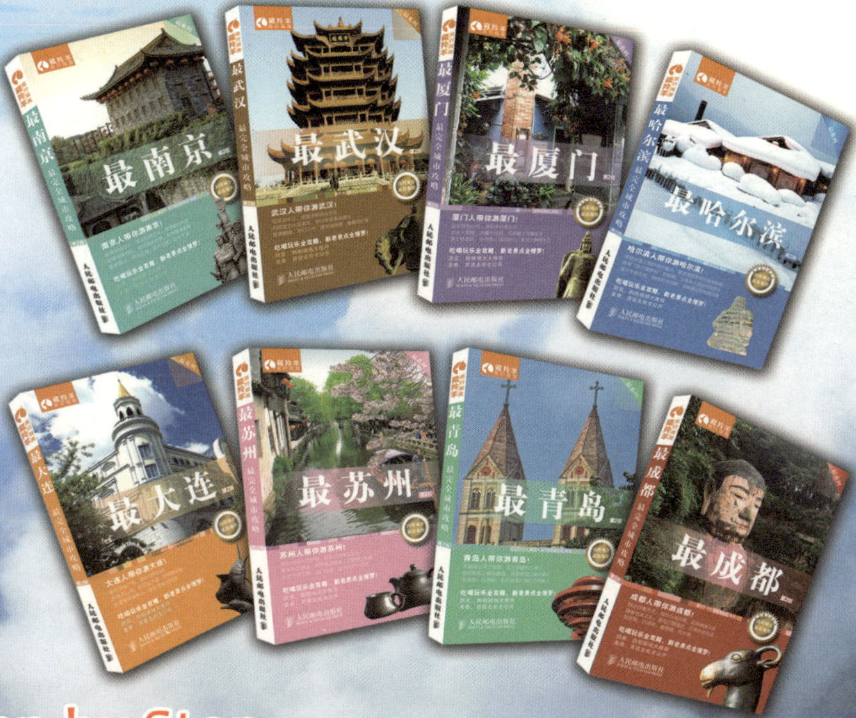